O CAMINHO DE VOLTA

Esperança, Ajuda e Cura

para os Sobreviventes do Tráfico Humano

por
David e Lisa Frisbie

2020
Missões Nazarenas Internacionais

LIVROS

AO ABRIGO
ACHANDO EM DEUS FORÇA, CORAGEM E ESPERAÇA
ATRAVÉS DE HISTÓRIAS DO ORIENTE MÉDIO
por Kay Browning

O CAMINHO DE VOLTA
ESPERANÇA, AJUDA E CURA
PARA OS SOBREVIVENTES DO TRÁFICO HUMANO
por David e Lisa Frisbie

WANDA
por Carol Anne Eby
Editado por Andrew Bennett

O CAMINHO DE VOLTA

Esperança, Ajuda e Cura

para os Sobreviventes do Tráfico Humano

por
David e Lisa Frisbie

MISSÕES NAZARENAS INTERNACIONAIS

Design da capa: Darryl Bennett
Paginação: Darryl Bennett

Tradução: Daniela Nobre
Edição: Priscila Guevara

ÍNDICE

INTRODUÇÃO DO EDITOR

Ao longo da história da Igreja do Nazareno, as missões e a compaixão têm partilhado um papel importante na realização dos propósitos redentores de Deus no mundo - propósitos de restauração, paz, esperança e envolvimento nos ministérios da graça. As Missões Nazarenas centram-se na compaixão, evangelismo e educação, para dar foco a todos os seus esforços. As Missões Nazarenas Internacionais (MNI) e os Ministérios Nazarenos de Compaixão (MNC) dificilmente se podem separar na mente e na vida daqueles que neles se envolvem.

A MNI e os MNC têm compromissos transversais (sobrepostos), de se envolverem nos tipos de ministérios que capacitam e libertam membros da Igreja do Nazareno em todo o mundo para servir os perdidos e marginalizados da sociedade. A MNI, com as suas cinco principais áreas de impacto: oração, ofertas através do Fundo Mundial de Evangelismo e de Alabastro, envolvimento de crianças e jovens, e apoio aos missionários através do programa Links, é a porta-voz das missões globais em todas as igrejas locais, alimentando um espírito de missão e mobilizando-as para a acção, impactando as pessoas em todo o mundo. As prioridades de abordagem dos MNC garantem que todos os projectos aprovados se concentrem em um, ou mais, dos seguintes pontos: liderados pela igreja, holísticos, focados na criança, baseados na comunidade, e transformacionais. No final de cada capítulo, estas abordagens ou valores fundamentais serão trazidos à conversa e relacionados com as histórias apresentadas.

Os missionários nazarenos fazem parceria com igrejas locais para trazer restauração, compartilhar o Evangelho e construir sustentabilidade dentro de uma comunidade.

Observe atentamente vários projectos dos MNC e encontrará a MNI apoiando em oração, ofertando, educando e envolvendo-se para garantir o sucesso nas comunidades locais. Vários edifícios e instalações mencionados neste livro, apenas foram possíveis graças à oferta de alabastro e ao sacrifício de voluntários e equipes de Trabalho e Testemunho. Outros projectos, e aqueles que neles servem, foram beneficiados por missionários no activo, graças à generosidade do Fundo Mundial de Evangelismo. As interconexões ou interdependências são significativas e prestam testemunho do compromisso da igreja em todos os níveis: local, distrital, no campo, regional e global, para ver restauração na vida daqueles a quem este livro destaca. As histórias que lerá neste livro não podem ser contadas sem que a MNI e os MNC concretizem fielmente os seus ministérios através das igrejas locais em todo o mundo.

Que fique bem claro, o tráfico humano, com o seu poder desumano e desmoralizante sobre os que nada podem fazer, não é algo que acontece apenas "noutros lugares" ou "com outras pessoas" que talvez nunca conheçamos. Está à nossa porta, nos nossos bairros, em quase todos os países. Levanta-se nos lugares mais prováveis e às vezes mais inesperados. Não nos atrevemos a fechar os olhos, mas a confrontá-lo, ajudando as nossas congregações a perceber o seu potencial na luta contra este flagelo e, quem sabe, na sua erradicação. Oramos pelos que são apanhados pelas suas garras mortais e pelos que servem na linha da frente do resgate e da restauração. Continuamos a ofertar para construir e estabelecer centros de confronto, mudança, cuidado e transformação eficazes, e abraçamos os nossos jovens com um abraço do Eterno, que valoriza cada pessoa além de qualquer medida. As nossas igrejas devem ser um refúgio seguro para aqueles que foram feridos, e lugares de esperança para aqueles que estão no caminho de regresso. A rede global de igrejas do Nazareno está presente neste caminho para ser uma expressão acolhedora do amor de Deus, ajudando e abraçando, capaz de mudar estas vidas para sempre.

CONHEÇA OS AUTORES

A chamada de Deus para "servir missionários" levou David e Lisa Frisbie ao redor do mundo, a centenas de igrejas e distritos nazarenos locais. Até à data (Primavera de 2020), eles viajaram para 48 países, 9 províncias e 2 territórios do Canadá e para os 50 estados dos EUA. Serviram como conselheiros in loco, professores e formadores, palestrantes e apresentadores, e como oradores devocionais/pregadores/evangelistas para eventos distritais e regionais.

Começando com uma chamada para servir missionários e pastores de campo Sul da Europa nos anos 80, David e Lisa têm estado constantemente envolvidos na Europa Ocidental e de Leste, expandindo o seu ministério para os antigos estados soviéticos após a queda do comunismo. A libertação das nações do antigo bloco soviético tornou possível levar o Evangelho a esses países.

Ao falar e aconselhar numa conferência de campo no Leste da Europa em 2007, Deus colocou David e Lisa em contacto com uma enfermeira na Roménia. Como descobrirá mais detalhadamente no capítulo 3 deste livro, esta reunião foi realmente um encontro divino. Desde aquele momento divino, os Frisbie têm investido pessoal e profissionalmente na luta compassiva contra o tráfico humano.

Quando chegou a hora da MNI produzir um livro sobre o assunto, David e Lisa eram os autores lógicos. Eles entrevistaram os principais líderes nazarenos, pastores, missionários e outros - em diversos contextos globais, incluindo na África, Ásia, Europa e

Américas. O livro que está a ler é o resultado das entrevistas com quem está na linha da frente da luta contra o tráfico humano, em nome de Jesus.

PRÓLOGO
A SURPREENDENTE CHAMADA DE DEUS PARA NOS ENVOLVERMOS

Na noite de 28 de Abril de 2007, Deus mudou as nossas vidas para sempre. A partir daquela noite, estaríamos investidos em oração e pessoalmente na luta contra o tráfico humano. Já não conseguíamos ignorar as vítimas deste flagelo, nem o seu sofrimento silencioso.

Uma noite mudou tudo. Éramos oradores numa conferência de campo para pastores e missionários na Bulgária, quando Deus nos apresentou uma mulher formidável, amigável e cheia do Espírito Santo. Uma enfermeira em serviço na Roménia, a sentir a chamada de Deus para se envolver activamente no resgate de vítimas de tráfico humano. Enquanto orámos, ouvimos, aprendemos e nos aconselhámos com ela, Deus estava a chamar-nos para esta missão. (No Capítulo 3 deste livro contamos a história completa.)

Muito obrigado às Missões Nazarenas Internacionais pelo convite para escrever este livro e pela oportunidade de colaborar com os Ministérios Nazarenos de Compaixão. Agradecemos também aos nossos amigos da editora The Foundry Publishing, pela sua ajuda e orientação durante todo o processo. É sempre uma bênção fazer parceria com esta editora na criação de novos recursos.

Temos uma dívida de gratidão para com os missionários nazarenos, particularmente Duane e Linda Srader, Joel e Sara Mullen e Jay e Teanna Sunberg. Há trinta anos, os Srader convidaram-nos a falar num retiro para missionários e famílias. Até hoje, servir aqueles que servem tem sido a nossa grande alegria e privilégio.

Amamos e valorizamos todos os que servem nas missões nazarenas.

DEDICATÓRIA
HONRAR OS QUE SERVEM

Este livro é dedicado a John e Marguerite (Mann) Nielsen, da Nova Inglaterra, que deixaram a sua casa em 1965 para ajudar a Igreja do Nazareno a abrir uma nova escola perto de Schaffhausen, na Suíça. John foi o primeiro reitor da European Nazarene Bible College (ENBC), reunindo um corpo docente atencioso e comprometido, além de criar um belo campus. De um começo modesto e com poucos recursos, estes missionários nazarenos, enérgicos e criativos, construíram uma grande instituição que actualmente ensina, treina e equipa pastores em todo o continente europeu.

Este livro é dedicado a Duane e Linda Srader. Este casal cheio de energia impactou a vida de igrejas e famílias em Cabo Verde. Lá, ocuparam-se na construção e avanço do Reino de Deus, expandindo a Igreja do Nazareno e fazendo amigos para sempre. De Cabo Verde, Deus chamou-os para servir e ajudar em Portugal, onde plantaram igrejas, nutriram pastores e capacitaram missionários. Não demorou muito para que o ministério de Duane e Linda se estendesse por toda a Europa Ocidental e além.

Este livro é dedicado a Ron e Shelva Calhoun. Depois de aceitarem a missão na República da África do Sul, os Calhoun dominaram a língua local e começaram a ensinar religião, teologia, literatura bíblica e prática pastoral naquele lugar. Ao longo de décadas de serviço, esse casal impactou inúmeras vidas por meio dos seus ensinamentos, conselhos sábios e tradução de livros e recursos para os idiomas locais.

Este livro é dedicado a Gary e Juanita Jones, cuja compaixão nos envolveu e cujo autêntico testemunho de Cristo nos desafiou na nossa vida e ministério adulto. O Dr. Gary Jones serviu a Igreja do Nazareno como pastor de jovens, pastor principal e superintendente distrital assistente. Foi meu privilégio (David) ter Gary como pastor de jovens durante os muitos desafios da adolescência. Tanto eu como a Lisa somos gratos por Deus ter feito estas duas pessoas cruzarem a minha jornada numa temporada tão estratégica.

Este livro é dedicado a Richard e Cora Graley, um dos melhores e mais honráveis casais pastorais nazarenos que já conhecemos. Conhecemos Richard e Cora bastante tarde na sua vida (e não exactamente no início da nossa), enquanto servíamos juntos no ministério de uma igreja do Nazareno no sul da Califórnia. Richard serviu cinco congregações nazarenas durante 40 anos no ministério pastoral. Desde que se aposentou, serviu outras duas décadas como um campeão de pastores e seus parceiros.

Capítulo 1

Ásia e Pacífico

O missionário nazareno Harmon Schmelzenbach nasceu e cresceu no continente africano. A sua esposa, Cindy, nasceu nos Estados Unidos da América e cresceu no pitoresco estado do Novo México, EUA. Juntos, eles gostaram de servir como missionários nazarenos e são já a quarta geração a servir na região da Ásia-Pacífico. Para os nazarenos mais "ferrenhos", o apelido Schmelzenbach é sinónimo de um carácter forte, dedicação, devoção, compromisso, compaixão e coragem. No ministério de Harmon e Cindy, esta tradição continua e expande-se.

Cada um actuou numa variedade de tarefas e funções especiais, e até recentemente, Harmon serviu enquanto Coordenador de Estratégia de Campo para os campos nazarenos do Pacífico Sul e da Melanésia. Cindy contribuiu como Coordenadora de Atendimento a Membros em toda a região Ásia-Pacífico. A sua influência e liderança afectaram a saúde missionária, as estratégias missionárias e de plantação de igrejas e quase todos os aspectos da vida e do serviço no campo missionário. A sua presença sábia e compassiva trazia a presença do Espírito Santo a cada situação que enfrentavam,

15

guiando-os enquanto serviam e ajudavam, ensinavam e treinavam, aprendiam e lideravam.

Os casais e famílias missionárias enfrentam os mesmos desafios que qualquer casal ou família, mas podem encontrar-se a milhares de quilómetros de um sistema de apoio de familiares e amigos. A igreja local deles - outra fonte de oração, apoio e aconselhamento - também pode estar a muitos quilómetros de distância.

Além dos desafios típicos enfrentados por qualquer casal ou família, aqueles que servem num país que não o seu, são frequentemente confrontados com desafios culturais específicos. Os problemas surgem à medida que os missionários ou os seus filhos se tentam adaptar ou mudar para se contextualizarem dentro de uma dada cultura ou situação. Não vemos evidências de que casais e famílias missionárias tenham mais crises ou problemas do que outras famílias - mas não seria correcto dizer que têm menos!

Quando as Missões Nazarenas Internacionais nos convidaram a escrever um livro sobre os esforços nazarenos para combater o tráfico humano, contactámos imediatamente Harmon e Cindy Schmelzenbach pelos seus sábios conselhos, contribuições criativas e conexões relevantes na área geográfica. Harmon e Cindy colocaram-nos em contacto com nazarenos comprometidos, que estão a fazer uma diferença eterna na vida de crianças e adolescentes, e até de adultos, sobreviventes ao tráfico.

Neste primeiro capítulo do livro, descreveremos um pouco do que Deus está a fazer, através da Igreja do Nazareno e das suas comunidades missionárias, para combater o mal do tráfico de seres humanos na região da Ásia-Pacífico. Seja encorajado neste capítulo - Deus está a trabalhar! Junte-se a nós para um passeio pelo que Deus está a fazer para resgatar, redimir e restaurar os sobreviventes do tráfico, principalmente os mais jovens. Aqui está um pouco do que Deus está a fazer hoje, na região Ásia-Pacífico.

CONFRONTAR UM PROBLEMA CENTRAL: OSEC
EXPLORAÇÃO SEXUAL DE CRIANÇAS ONLINE

O mal do tráfico humano reflecte-se de maneiras diferentes nas várias partes do globo. Apesar de nos países ocidentais associarmos o tráfico à ideia de prostituição forçada ou serviços sexuais, há muitas outras formas actuais e contextuais de tráfico de pessoas, incluindo trabalho forçado. Nem todas as formas envolvem uma situação sexual em pessoa ou um encontro físico; embora o toque físico difundido por plataformas online seja incluído nos diversos tipos de tráfico humano. Crianças, e não só, podem ser exploradas através de filmes e vídeos, através de telemóveis e fotografias, e cada vez mais pelo streaming de pornografia e outros métodos online.

Em todo o sudeste asiático e nas Filipinas, especificamente, a exploração sexual de crianças online (OSEC) é uma ameaça séria e crescente. Várias equipas de intervenção locais e intergovernamentais estão a trabalhar neste problema. Existe um consenso crescente de que o tráfico de seres humanos para fins sexuais, particularmente quando envolve crianças e adolescentes como vítimas, é uma força destrutiva na comunidade e na sociedade.

A exploração sexual de crianças online é uma actividade criminosa relativamente nova e tem dimensões específicas que são únicas do Sudeste Asiático. No caso da OSEC, as vítimas não estão no mesmo espaço físico que as pessoas que compram os seus serviços pornográficos e sexuais. Em vez disso, as vítimas são expostas, exibidas e exploradas online, em tempo real, em troca de pagamento. Qualquer pessoa com uma webcam rudimentar e uma ligação à internet activa pode tornar-se imediatamente uma traficante na exploração sexual online. Apesar de ser filmado ao vivo, o conteúdo não é necessariamente transmitido ao vivo, pode ser gravado em formato digital e depois vendido e transferido. Nas Filipinas, o amplo acesso à Internet e o amplo acesso a uma variedade de sistemas de transferência de dinheiro online unem-se para tornar a exploração sexual online, incluindo a de crianças, um empreendimento viável e próspero para muitos. Os telemóveis e os tarifários são bastante baratos, o que facilita a acessibilidade.

Triste e surpreendentemente, mais de metade dos traficantes são membros chegados da família da criança. Os pais, geralmente a mãe, mas talvez algum parente ou amigo próximo da família, ordenam que a criança pratique vários actos obscenos ou situações pornográficas, enquanto uma câmara de vídeo regista e transmite para "deleite" dos clientes. O pagamento é feito através da rede de transferência online, ou através de criptomoeda[1] - uma passagem de cartão de crédito aqui, um débito de uma conta bancária ali - e os criminosos prosperam. Frequentemente, são os pais das crianças exploradas que prosperam, embora a criança possa não perceber que o que está a fazer é errado.

O mal desta situação específica tem pelo menos duas dimensões - a horrenda tragédia dos pais que estão dispostos a explorar os seus próprios filhos por dinheiro e a existência de inúmeros clientes que estão dispostos a pagar para ver estas crianças inocentes a serem manipuladas, abusadas e exploradas sexualmente. É importante observar que os pais vêem a situação como um "crime sem vítimas" - desde que não haja contacto directo. Isto mostra bem o desespero dos pais sobrecarregados pela pobreza nas Filipinas. Também se deve mencionar o elemento de língua inglesa. A razão pela qual isto é

18

um flagelo nas Filipinas é porque o inglês é um idioma comumente falado e quem compra estes conteúdos geralmente é de países de língua inglesa.

Em todo o mundo, os nazarenos cooperam com uma variedade de missões e agências que trabalham contra estes tipos de males sociais. Uma dessas agências é a International Justice Mission (IJM), que tem um ministério contínuo e eficaz nas Filipinas - movendo-se agressivamente contra o mal social e moral da exploração sexual de crianças online. A IJM forma parcerias com as autoridades policiais, organizações religiosas e outras para fortalecer e ampliar o seu alcance e o seu impacto. Entre as organizações que trabalham na região, a IJM é uma das forças mais eficazes e positivas em acção para resgatar e redimir as vítimas de tráfico.

Os pastores e missionários nazarenos trabalham, a partir do campus e dos escritórios do Seminário Teológico Nazareno da Ásia-Pacífico (APNTS, Manila, Filipinas), em grande proximidade com a IJM e outras organizações, para alcançar e resgatar eficazmente os sobreviventes da OSEC, trazendo cura e esperança às crianças abusadas e exploradas. Quando uma agência ou esforço missionário está a trabalhar com eficácia, é preferível formar parcerias do que tentar criar um novo ministério. Onde e quando possível, as igrejas do nazareno locais associam-se à IJM na sua importante missão de lutar contra o tráfico humano.

Recentemente, a IJM relatou as seguintes estatísticas relativamente às Filipinas: até ao momento, foram realizadas 157 operações de resgate, com 527 sobreviventes resgatados; 224 suspeitos ou autores presos e sentenciados e 69 criminosos condenados por estes e outros crimes relacionados.[2] À medida que a missão se expande e os seus esforços continuam a ter sucesso, estes números importantes vão aumentar diariamente. E à medida que a nossa consciência nazarena aumenta, os nazarenos estarão cada vez mais na linha da frente do resgate, restauração, cura e esperança para os sobreviventes.

No coração do nosso trabalho nazareno nesta importante batalha, Leody Echavez III actua como coordenador de campo dos MNC nas Filipinas e na Micronésia. Do seu escritório no Seminário Teológico Nazareno da Ásia-Pacífico, Echavez está ligado aos nazarenos, e outros, no combate à OSEC e a outras formas de tráfico. Uma das suas responsabilidades é a liderança na protecção de crianças, anti-tráfico e luta contra a exploração sexual de crianças online.

Através dos seus esforços, os nazarenos criaram um recurso que é pioneiro nas Filipinas. Foi criado um Centro de Acolhimento perto do campus do seminário, que dá resposta aos sobreviventes da exploração sexual online através de serviços sociais, psicológicos e espirituais, tratando cada um de forma holística. Os serviços oferecidos pelo centro em 2020 são:

- Receber os sobreviventes
- Providenciar um ambiente seguro e acolhedor
- Providenciar educação ao nível do ensino básico e/ou secundário e aulas em modelo de ensino doméstico
- Oferecer formação em aptidões necessárias à vida diária
- Fornecer avaliação psicológica profissional
- Encaminhamento médico para serviços de especialidade
- Encaminhamento para psicólogos ou serviços psiquiátricos
- Serviços de aconselhamento e terapia focados no trauma
- Avaliação domiciliar e familiar (situacional)
- Coordenação com outros assistentes sociais treinados
- Conferências relativas a cada caso

- Encaminhamento para instituições de acolhimento permanente
- Aprendizagem de competências sociais para os sobreviventes
- Assistência na transição para o acolhimento permanente
- Outros serviços, conforme necessário em cada caso

Não há mais nenhum centro como este nas Filipinas, nem de instituições privadas (ONG) nem de governamentais. A Igreja do Nazareno está a ser pioneira neste novo trabalho, criando uma linha de ministério para alcançar eficazmente os mais desfavorecidos com esperança e paz. Este pode ser um desenvolvimento importante em todo o mundo na criação de cuidados eficazes para as vítimas e sobreviventes do tráfico humano. A Igreja do Nazareno, com os esforços do campo e da região no Seminário Nazareno da Ásia-Pacífico, criou um modelo que pode ser adaptado física e culturalmente a outros locais onde se estão a originar esforços para combater a OSEC e o tráfico humano.

Sob o nome "Shechem Children's Home"[3] , o novo centro de acolhimento é um programa de três a cinco meses com capacidade para 15 a 20 sobreviventes. Até ao momento da redacção deste artigo, existem 12 crianças sobreviventes residentes no centro, recebendo uma gama completa de serviços psicológicos e sociais.

Segundo a OSEC, a família biológica é frequentemente a fonte da vitimização. Encontrar acolhimento seguro para os sobreviventes é uma prioridade fundamental. Após a avaliação e o tratamento, depois de encaminhados para a psicologia ou a psiquiatria conforme necessário, o objectivo operacional é encontrar um ambiente saudável e positivo no qual a criança possa crescer e prosperar. Neste sentido, o centro de acolhimento interage com uma variedade de outras entidades, incluindo outras ONG e prestadores de serviços sociais.

A Igreja do Nazareno faz parceria com outras organizações religiosas no trabalho contínuo do centro. Entre os grupos envolvidos em parceria com a Shechem Children's Home estão a International Justice Mission (IJM), a Rede de Ministério das Crianças das Filipinas (PCMN), a World Hope International Philippines, o Centro de Recursos de Transformação Holística (WTRC) e, por último, mas não menos importante, a equipa global dos Ministérios Nazarenos de Compaixão. Juntos, estes grupos formam uma parceria unida, destinada a servir os sobreviventes do tráfico humano com a graça compassiva e o amor redentor de Cristo.

Com o objectivo de encontrar espaços seguros e saudáveis, a Shechem Children's Home trabalha com parentes próximos e famílias alargadas, com prestadores de assistência social, com serviços sociais e agências governamentais e com muitas outras organizações. A Shechem Children's Home está no epicentro de um novo modelo de resposta, tratamento e atendimento aos sobreviventes da OSEC.

Stephen Gualberto é o presidente do conselho da Shechem Children's Home. Também é coordenador de estratégia de campo em dois campos: nas Filipinas e na Micronésia. Stephen formou-se na Luzon Nazarene Bible College (agora chamado Philippine Nazarene College) e é casado com Theresa, formada na mesma instituição. Stephen e Theresa obtiveram o seu mestrado em educação, com especialização em Administração e Supervisão Educacional, na Universidade Cristã das Filipinas.

Enquanto Stephen serve na sua posição de coordenador de estratégia de campo para um campo grande, activo e ocupado, Theresa coordena o patrocínio de crianças no campo e também serve como gerente do escritório do campo. Estes dois nazarenos comprometidos, educados e bem-sucedidos e a sua família, estão no centro do que a Shechem Children's Home está a alcançar na luta contínua contra a exploração sexual de crianças e contra o tráfico humano.

Sobre Stephen e o seu serviço à Shechem Children's Home, Leody Echavez oferece a seguinte observação: "Ele é a pessoa mais compassiva que conheço, em termos de abordar as diferentes questões sociais que estão a acontecer na nossa sociedade hoje".

Recentemente, duas universidades nazarenas na América do Norte enviaram equipas de estudantes a Shechem para servir e ajudar, ouvir e aprender. A Universidade Mount Vernon Nazarene, em Ohio, enviou uma equipa liderada pela Dra. Brenita Nicholas-Edwards. Esta equipa interagiu com as crianças da Shechem Children's Home e com os seus pais, proporcionando uma troca aberta de compaixão, inspiração, incentivo e apoio. Os esforços da equipa foram muito apreciados pelos professores e funcionários da APNTS e da Shechem.

A Universidade Nazarena de Point Loma (PLNU), em San Diego, Califórnia, EUA, enviou a sua equipa "LoveWorks" para uma missão de três semanas durante o Verão de 2019. A equipa construiu dois novos espaços infantis na área - um localizado no campus do Seminário Teológico Nazareno da Ásia-Pacífico e o outro próximo, na propriedade da Shechem Children's Home. Em Shechem, os alunos da PLNU gostaram particularmente de pintar murais coloridos pelas paredes, complementando os murais que tinham sido pintados pelas crianças. Durante a viagem missionária, o grupo LoveWorks também ajudou duas igrejas do nazareno, executando trabalhos de construção e limpeza, além de fomentar jogos, música e experiências de adoração para as crianças e famílias das igrejas.

Brian Balisi, um estudante da Universidade Nazarena de Point Loma e membro da equipa LoveWorks que participou na viagem, relatou que "Foi incrível ver o importantíssimo trabalho de equipa na construção de algo que as crianças podem desfrutar umas com as outras."

Em comentários adicionais sobre a viagem e os seus resultados, Balisi explicou que "Foi uma experiência emocionante. Pudemos testemunhar como a generosidade da igreja realmente moldou a vida destas crianças e das suas famílias."

Servindo e ajudando através das barreiras da linguagem, demografia e cultura, o grupo Loveworks experimentou um senso de unidade e fé comum, percebendo que o amor de Deus aproxima as pessoas.

"O nosso tempo com as crianças foi memorável", explicou Brian Balisi. "Foi uma bênção poder experimentar a vida com um grupo tão extraordinário de pessoas. Mas o maior privilégio foi ver como Deus pode unir os nazarenos de partes tão diferentes do mundo. A equipa LoveWorks sentiu a paixão e a alegria do povo filipino. Mais do que isso, eles experimentaram a graça de Deus."

A História de Uma Sobrevivente

"Maria" (nome fictício) é o exemplo perfeito da natureza horrífica dos casos nos quais a Shechem Children's Home se envolve diariamente. Maria tinha apenas dez anos quando a polícia fez uma rusga à sua casa e prendeu a sua mãe biológica por crimes dentro do espectro da OSEC.

O procurador acusou a sua mãe de receber pagamentos online de vários clientes, geralmente estrangeiros, que instruíram e manipulavam o abuso sexual de Maria e de vários irmãos mais velhos, em directo, enquanto assistiam via webcam.

Em 2016, aquando da rusga, a polícia reuniu provas suficientes para usar no julgamento criminal da mãe de Maria; foi aí que a sua vida começou a mudar. Ela e as suas duas irmãs, foram encaminhadas para um centro de crise temporário, ficando juntas, em vez de serem separadas em diferentes abrigos ou casas de acolhimento. Quando o procurador começou a construir o caso contra a mãe de Maria e apresentou queixa junto do Ministério Público, as meninas foram transferidas - juntas - para uma casa de acolhimento permanente.

A vida de Maria tomou um rumo completamente diferente desde que foi resgatada dos males do tráfico humano online. Finalmente está a poder experimentar os prazeres da infância, livre do medo do abuso contínuo.

Após vários meses num ambiente seguro e com experiências positivas, longe do abuso, o temperamento e a personalidade de Maria mostram sinais visíveis de recuperação. "Gosto de pintar, gosto de fazer jóias e gosto de ler", explica Maria a uma entrevistadora. Foi-lhe pedido que se descrevesse, ao que ela respondeu: "inteligente, gentil e generosa".

A Shechem Children's Home, inaugurada em Setembro de 2018, existe para servir e ajudar crianças como a Maria. Ao apoiar a Shechem directamente - ou através dos escritórios dos Ministérios Nazarenos de Compaixão - torna-se um parceiro activo no que Deus está a fazer para resgatar e restaurar.

Pelo bem-estar de Maria e de outros como ela, não gostaria de servir e ajudar?

Valores Globais dos MNC em Perspectiva

Os Ministérios Nazarenos de Compaixão são guiados por vários princípios-chave subjacentes ao abordar as suas responsabilidades ministeriais globais, incluindo as prioridades e compromissos centrais que se focam em concretizar mudanças significativas em todas as nossas áreas globais de ministério. Ao considerarmos o que Deus está a fazer através das missões da Igreja do Nazareno na região Ásia-Pacífico, vamos destacar o papel desses valores fundamentais.

1. Envolvimento e Liderança da Igreja do Nazareno Local.
   Embora este projecto tenha sido apoiado pelos MNC e tenha surgido através dos MNC Filipinas, o importante trabalho que está a ser realizado na Shechem Children's Home e na luta contra a OSEC, está a ser coordenado através dos escritórios de campo e de distrito, para que as congregações nazarenas locais possam orar, voluntariar-se e ajudar efectivamente. Através de Stephen e Theresa Gualberto, nos escritórios de campo, e coordenados por Leody Echavez no APNTS, as congregações locais têm acesso a assistência profissional e detalhada à medida que se estendem para servir e ministrar às vítimas de tráfico humano.

2. Uma Abordagem holística.
   A abordagem preferida dos MNC, envolve a consideração de toda a pessoa - corpo, mente e alma - ao desenvolver protocolos de ministério e missão. Este valor central reflecte-se na Shechem Children's Home e na sua abordagem ao cuidado de todos os aspectos dos jovens e adolescentes a quem ministra. Os casos que são avaliados e acolhidos em Shechem, têm acesso a uma ampla gama de serviços médicos, psicológicos, sociais e ministeriais. O diagnóstico médico e o tratamento

psicológico são essenciais para os serviços prestados e oferecidos. O cuidado espiritual é constante e contínuo.

3. Focado na Criança.

Os envolvidos na luta contra a OSEC estão, por definição,
envolvidos na batalha para travar a "Exploração Sexual Online de Crianças". Até na própria sigla é visível a natureza do
ministério focada primeiramente nas crianças. Claramente, o
foco é proteger as crianças dos predadores e da exploração.
Além disso, o foco também é fornecer cuidados e cura àqueles
que foram explorados. A Shechem Children's Home também
é, por definição, um ministério focado na criança, que envolve
cuidados espirituais, sociais e médicos a crianças cujas vidas
foram impactadas pelos males inerentes à pornografia online
e à exploração sexual. Em Shechem, as crianças vulneráveis e
exploradas encontram um lugar de refúgio e segurança, um
oásis de cura e esperança.

4. Baseado na Comunidade.

Tanto a luta contra a OSEC, quanto a operação em Shechem,
são esforços comunitários, coordenados em estreita proximidade com o campus e edifícios do Seminário Teológico Nazareno
da Ásia-Pacífico. Além disso, a coordenação é auxiliada pelo
escritório regional em Singapura (Mark Louw, director regional) e por vários escritórios de campo - incluindo Filipinas e
Micronésia. A comunidade do campus da APNTS, a comunidade local na área metropolitana de Manila (principalmente
Taytay), e as comunidades de fé nas proximidades, são activas
nesses esforços contínuos para proteger e apoiar as crianças.

5. Transformacional.

   Cada capítulo deste livro descreve um ministério de alto impacto e, por natureza, altamente transformador. Embora tenhamos tempo e espaço para discutir apenas alguns dos casos específicos, excelentes relatos vieram de equipas ministeriais recentes (Universidade Nazarena de Point Loma e Universidade Nazarena de Mount Vernon) que visitaram e ajudaram em Shechem. Os relatos confirmam e ecoam os comentários de muitos outros: vidas estão a ser transformadas pelo poder da graça salvadora de Cristo e pelo ministério solidário e compassivo das Missões Nazarenas Globais - expressas no contexto de Manila, nas Filipinas e noutros locais. A história de "Maria" descrita neste capítulo é típica e um bom indicador de todos aqueles que estão a ser resgatados, restaurados e ajudados. A transformação holística das crianças mais vulneráveis e exploradas, trazendo-as à saúde física e emocional, bem como ao cuidado espiritual e da alma, está no cerne de tudo o que Deus está a fazer através dos MNC na região Ásia-Pacífico.

Capítulo 2

ÁFRICA

Entre as bênçãos de ser pastor em Oahu, Havai, EUA, está o seguinte: os missionários gostam muito de falar nos nossos cultos. Quando ligamos a um missionário e o informamos que está a ligar da Windward Church of the Nazarene, em Kaneohe - a resposta do missionário é universalmente acolhedora e positiva.

Quer vir falar à nossa igreja no Havai? Sinta-se à vontade para verificar o cronómetro, porque está a cerca de 3 segundos do "sim". Os missionários gostam de falar e servir no Havai - e normalmente trazem as suas famílias (encorajamo-los e somos gratos por isso) e toda a família desfruta de algum tempo na ilha.

Gail Ragle, a nossa presidente da MNI no distrito Havai Pacífico, sempre atenciosa e comprometida, tem experimentado o mesmo sucesso. Quando se convida um missionário para falar numa Convenção da MNI - em Honolulu - a resposta é geralmente positiva. Outro factor acolhedor - para os missionários que viajam entre a Ásia e a América do Norte, as ilhas tropicais do Havai são uma escala frequente nas principais companhias aéreas, nacionais e internacionais. Os missionários apreciam a conveniência de fazer escala em Oahu.

Outra bênção de ser pastor de uma igreja em Oahu é esta: todos os Verões realizamos estágios em quase todos os departamentos do nosso ministério. Os estagiários inscrevem-se online e são escolhidos após um cuidadoso processo de selecção, com algumas entrevistas, escritas e por videoconferência, e muita oração. Normalmente, os nossos estagiários vêm de escolas nazarenas - como a Universidade Nazarena de Point Loma ou a Universidade Nazarena do Sul em Oklahoma, EUA.

O Havai é uma experiência missionária para os estagiários e para outros que vêm servir como pastores, professores ou líderes. É uma experiência multicultural e altamente diversificada. Tem a sua própria língua indígena, que nos últimos anos está a desfrutar de um reavivamento importante. Outrora à beira da extinção, a língua indígena do Havai está agora a ser amplamente ensinada e cuidadosamente aprendida pelos alunos de hoje. Além do idioma, também encontrará grupos culturais importantes no Havai - Samoa, Coreia, Filipinas, Japão e China - e também outras culturas e nações das Ilhas do Pacífico. Cada um destes grupos demográficos produz oportunidades para estudar e aprender, cruzando culturas e adquirindo competências linguísticas, expressando o amor de Jesus de maneiras contextualmente apropriadas e espiritualmente astutas.

Entre várias dezenas de estagiários recentes, há muitos cujo serviço e ministério parecem excepcionais, incluindo o estagiário sobre quem escrevemos este capítulo. Para citar apenas alguns, Natali Perez, da Universidade Nazarena de Point Loma, serviu com muita distinção e tornou-se muito amada pela congregação e comunidade da Windward Church of the Nazarene. Ela está a estudar na sua pós-graduação em assistência social e espera servir os alunos e as suas famílias.

Outra estagiária excepcional é Meg Crisostomo, também proveniente da população estudantil da Universidade Nazarena de Point Loma. Meg, natural da Califórnia, adaptou-se ao Havai com muito sucesso. Ela foi imediatamente recebida na nossa escola cristã (Windward Nazarene Academy), que serve alunos desde a creche ao 8º ano. Meg tornou-se professora assistente e rapidamente ganhou outras responsabilidades em administração e publicidade.

Meg gostou tanto do estágio e foi tão bem recebida que voltou para estagiar nos dois Verões seguintes. Depois disso, concordou em servir como coordenadora do programa de estágios da nossa igreja. Após formar-se na Universidade Nazarena de Point Loma, Meg mudou-se para o Havai para se juntar ao trabalho que Deus está a fazer naquelas ilhas. Ela também concluiu um programa de mestrado online na Northwestern Nazarene University - estudando questões familiares e ministério de jovens, a fim de servir e liderar com sabedoria.

Há muitos outros que merecem menção, mas, para os propósitos deste breve capítulo, vamos conhecer Madison Barefield, estagiária da Windward Church of the Nazarene, durante um Verão recente. Enquanto Madison estudava e aprendia, servia e ajudava, Deus deu-lhe um coração sensível aos mais fragilizados - incluindo crianças e jovens, mulheres e adultos vítimas de tráfico humano.

Depois de servir com distinção durante o seu estágio na Windward, Madison passou três meses na República da África do Sul, a estudar para se formar. África foi como que um puxão ao seu coração - assim como a situação específica de mulheres e crianças vítimas de tráfico para fins sexuais. Quando completou o seu curso, Madison serviu no sul da África durante cinco meses, período em que se sentiu fortemente chamada a mudar-se para a área, para servir e ajudar num ministério anti-tráfico altamente eficaz daquela região. Depois de três meses no país, seguidos de outros cinco meses, ela alistou-se, em oração, para um período de serviço de dois anos - plenamente consciente de que a sua chamada poderia levá-la a ficar mais tempo.

A sua busca em oração, por uma forma de ajudar aquelas pessoas, levou esta ex-estagiária da Igreja do Nazareno a uma organização religiosa na República da África do Sul. Os ministérios S-Cape foram formados com uma missão específica: criar um local de refúgio para as mulheres e crianças resgatadas do tráfico sexual, fornecendo-lhes assistência médica, aconselhamento, discipulado, assistência jurídica, assistência ao emprego e muito mais. Desde a sua criação, o S-Cape expandiu a sua missão e desenvolveu novos recursos para os sobreviventes, bem como novos caminhos para a cura e restauração.

Madison Barefield, está agora significativamente envolvida no movimento anti-tráfico local, na República da África do Sul. Ela é a gerente do desenvolvimento de empresas sociais do S-Cape, com o objectivo de providenciar emprego e um salário digno às vítimas em recuperação, à medida que recuperam a saúde e voltam à sociedade.

Neste capítulo, vamos explorar o que Deus está a fazer em todo o continente africano, particularmente através das lentes de uma eficaz organização religiosa local que está a criar caminhos de resgate e recuperação para os sobreviventes do tráfico sexual.

Os números fornecidos pela Business Tech, uma conceituada empresa de notícias, com sede na República da África do Sul, são surpreendentes e tristes.[4] A Business Tech relata que cerca de 250.000 pessoas são vítimas de tráfico humano na RAS. Destas, 80% são mulheres e crianças que estão a ser exploradas e traficadas.

A história só piora. A Business Tech estima que apenas 1% das vítimas de tráfico humano são resgatadas. Se esta estimativa estiver correcta, das 250.000 pessoas afectadas - apenas 2500 serão um dia resgatadas. Estes números são preocupantes e foi com base nestes dados que Madison se sentiu encorajada a procurar formas de servir e ajudar - especialmente na recuperação e restauração directa daqueles que estão a ser resgatados.

Em todo o sul da África, crianças e jovens - especialmente mulheres jovens - estão a ser enganados e presos, transportados de um lugar para outro, ludibriados numa vida de drogas, abuso e tráfico sexual forçado. Os esforços governamentais vão surgindo, mas ainda estão na infância. Neste momento, o abuso do tráfico é generalizado e continua, em grande parte, inabalável.

Entre 2008 e 2010, uma corajosa mulher chamada Miryam Cherpillod foi co-directora de uma campanha nacional para aumentar a consciencialização sobre o tráfico sexual humano, com o objectivo de prevenção e protecção. Milhares de pessoas foram impactadas pelo programa e pelas suas campanhas publicitárias. À medida que a campanha de prevenção ganhava mais impulso, as vítimas do tráfico começaram a dar um passo em frente, à procura de uma saída.

O programa foi muito bem-sucedido - a consciencialização aumentou, foram tomadas medidas para impedir futuros aprisionamentos e abusos - entretanto, muitas mulheres e crianças procuravam uma forma de escapar. Naquele momento, não havia alternativas visíveis que levassem a uma fuga e libertação bem-sucedidas. O aumento crescente de tantas vítimas de tráfico sexual, levou à fundação inicial do S-Cape em 2010, com o objectivo de criar um espaço seguro para reabilitação, restauração e recuperação.

A República da África do Sul aprovou o decreto de lei relativo ao tráfico humano em 2013, com a intenção declarada de estabelecer uma base para esforços efectivos de prevenção ao tráfico e também de resgate dos que são escravizados. O equivalente ao Serviço de Informações de Segurança (SIS) na RAS, tem uma divisão dedicada exclusivamente a trabalhar contra este mal da sociedade. Portanto, há uma esperança clara no horizonte - estrutural, governamental, social - e, ainda assim, neste momento actual continua a haver tanto tráfico e tão poucos esforços bem-sucedidos em dissuasão, intervenção e resgate. Neste vazio, as organizações religiosas e outras ONGs têm um papel importante a desempenhar na luta contínua contra o tráfico.

Criado e fundado em 2010, o ministério S-Cape está centrado na Cidade do Cabo, República da África do Sul. O S-Cape foi criado com uma missão específica: criar um local de refúgio para as mulheres e crianças resgatadas do tráfico sexual, fornecendo-lhes assistência médica, aconselhamento, discipulado, assistência jurídica, assistência ao emprego e muito mais. Desde a sua criação, o S-Cape expandiu a sua missão e desenvolveu novos recursos para os sobreviventes, bem como novos caminhos para a cura e restauração. No coração do ministério S-Cape, está uma ex-estagiária de uma igreja do nazareno no Havai, cuja vida se transformou para sempre quando Deus a convidou a participar da luta contra o tráfico humano e a exploração sexual. Através da Igreja do Nazareno, existem inúmeras oportunidades de ir e servir numa variedade de ministérios transformadores, apoiados por igrejas locais, distritos, campos e regiões. Este é um exemplo maravilhoso da interligação global.

A História de Uma Sobrevivente

"Kathryn" (nome fictício) foi recrutada numa cidade grande, enquanto jogava nas máquinas num ambiente de casino. Enquanto inseria as moedas, foi abordada por uma rapariga que já tinha visto algumas vezes naquela zona. Como a reconheceu, Kathryn baixou a guarda.

A rapariga começou a conversar dando a impressão de se estar a criar uma amizade. Ao fim de algum tempo a conversar, a rapariga sugeriu que fossem as duas para outra grande cidade, onde poderiam encontrar um bom emprego através dos seus contactos. Ela explicou ainda que, enquanto Kathryn procurasse emprego, estava à vontade para ficar em casa do seu namorado. A rapariga até se ofereceu para pagar o bilhete de autocarro de Kathryn. Após algumas horas de conversa, ela tinha diante dela o que aparentava ser uma grande oportunidade: bilhete de autocarro pago, um lugar onde ficar e a promessa de um "bom emprego" num futuro próximo. Quem recusaria esta oferta? Kathryn não disse que não, aceitou de bom agrado.

Quando chegou à nova cidade, percebeu rapidamente a realidade. Na primeira noite na sua nova casa, o namorado nigeriano da "amiga" explicou-lhe as regras da casa. "Todas as noites às 19h, tens de te vestir de forma sexy e ir para a rua ganhar dinheiro para pagar a comida e o alojamento aqui!" Foram-lhe dadas drogas e era esperado que as aceitasse e consumisse diariamente.

Kathryn fingiu que concordava e, em segredo, procurou uma forma de escapar àquela situação. Orou para que Deus a libertasse daquele cativeiro e daquele estilo de vida. Clamou a Deus em desespero, pedindo-Lhe que a salvasse.

Certa noite, quando se aproximou de um "cliente" no seu carro, Kathryn implorou-lhe que a levasse à esquadra mais próxima. Por qualquer razão, naquela noite, o homem fez o que lhe foi pedido (Kathryn acredita que foi provisão de Deus). Apesar de não ter usufruído dos seus "serviços", ele deu-lhe algum dinheiro. E levou-a à esquadra mais próxima, de onde foi colocada num abrigo temporário onde ficaria em segurança. Desse abrigo, ela foi para o centro S-Cape.

O contacto de Kathryn com o ministério S-Cape impactou a sua vida de tal forma, que tomou um rumo diferente. Após o tratamento e cuidados variados, e apesar de vários desafios (um teste de HIV positivo e uma gravidez inesperada), Kathryn recuperou a saúde e voltou para casa e para a sua família.

Aqui está um trecho de uma nota que ela enviou ao S-Cape, algum tempo depois de ter regressado a casa:

"Quero compartilhar as boas notícias das bênçãos de Deus convosco! Hoje, a minha tia ofereceu-me a oportunidade de gerir a sua loja, sozinha, a partir do final deste mês. Estou tão apaixonada por Deus porque Ele cumpriu a Sua promessa. Ele libertou-me e disse que nunca me abandonaria! Ele está comigo - a cada passo que dou."

Kathryn é uma das muitas histórias de sucesso actualmente na República da África do Sul, fruto dos esforços de uma equipa comprometida e de voluntários que combatem o tráfico humano - uma vida, uma pessoa e um resgate de cada vez.

O TESTEMUNHO DE UM ESTAGIÁRIO NAZARENO

Como é que o encontro com o tráfico humano impactou a vida de Madison e mudou a sua forma de ver o mundo e o propósito da vida? A resposta está nas próprias palavras de testemunho de Madison.

Primeiros passos: "Quando ouvi falar pela primeira vez sobre tráfico humano, tratava-se do tráfico económico de trabalho forçado ou de mão de obra extremamente barata. Penso que a maior mudança que senti foi ter ficado mais consciente relativamente às minhas compras. Quando comecei a pesquisar e a aprender sobre todas as indústrias inundadas pelo tráfico, senti-me consternada. Comecei com pequenos passos, como comprar apenas café ou chocolate provenientes de formas de comércio justo. Eventualmente, comecei também a comprar roupas, sapatos e outras coisas de marcas conscientes."

Tráfico sexual: "Quando comecei a trabalhar com sobreviventes de exploração e tráfico sexual, fui desafiada de inúmeras maneiras. Tornei-me muito mais compassiva, humilde e também esperançosa. Conheci algumas mulheres incríveis que passaram pelo inferno na terra, mas que agora estão cheias da mais genuína esperança, amor e alegria. Conheci mulheres que, apesar de serem exploradas, vitimizadas e traficadas por outros, de alguma forma perceberam que Deus é bom, e que Deus as ama de todo o coração.

"Deus continua a restaurar e a reconciliar-nos. Vi como as mulheres se reuniam com as suas famílias depois de dez anos separadas e o perdão e a restauração que estão presentes nesses momentos; não é nada menos que o céu, aqui na terra."

Impacto pessoal: "Iniciar a minha própria jornada de cura ajudou-me a tornar-me uma melhor defensora das mulheres que servimos. Embora o meu trauma seja diferente do delas, há algo de poderoso em aceitar o nosso próprio processo e permitir que os outros nos vejam nele. Todos estamos em processo de cura de algo e há muito poder em saber que não estamos a fazer esta caminhada sozinhos.

Aprendi que nenhuma escuridão é demasiado escura para Deus. Aprendi que nem tudo está perdido, mesmo quando parece que está. Há esperança; mesmo quando parece que todo o universo está a conspirar para manter estas mulheres em escravidão e o mais afastadas possível de esperança e da cura. Aprendi que Deus está sempre pronto a ajudar estas mulheres a encontrarem saúde e a plenitude que Ele tem para elas."

"A história não acabou - nem para elas, nem para nós, nem para ninguém. Deus ainda não terminou - nem nós, até vermos a Oração do Pai Nosso respondida e vermos o reino e o senhorio de Deus aqui na terra como no céu."

Valores Globais dos MNC em Perspectiva

Ao considerarmos o que Deus está a fazer através da Igreja do Nazareno na África, vejamos a actividade de Deus através das lentes dos principais compromissos dos MNC.

1. Envolvimento e investimento da Igreja do Nazareno local.

   Cada Igreja do Nazareno local tem a oportunidade de ensinar e treinar a próxima geração de líderes. Na Igreja do Nazareno de Windward, no Havai, essa missão específica está timbrada no ADN da nossa igreja. Um dos nossos programas desta-cados, é o ministério de estágios de Verão, que nos traz "os melhores e mais brilhantes" estudantes das universidades na-zarenas. Estes talentosos alunos aprendem sobre o ministério infantil, ministério de jovens, ministério de adoração, minis-tério de compaixão e sobre tantos outros aspectos da vida da igreja. No final estão aptos a viver vidas de serviço e conquista em todas as partes do globo. Um desses estagiários, cuja histó-ria contamos neste capítulo, desempenha agora um papel de liderança na África do Sul, ajudando a orientar a luta contra o tráfico humano naquela nação. A Igreja do Nazareno de Win-dward, tendo tido um papel fulcral na história de Madison, e tendo colhido os benefícios do seu coração para o ministério e para o serviço, orgulha-se muito da sua vida!

2. Uma Abordagem holística.

   Desde o início, a metodologia do S-Cape nos seus protocolos de tratamento tem sido a cuidar da pessoa enquanto um todo: corpo, mente e alma. Os cuidados mentais, físicos e espirituais são abrangidos pelo escopo de serviços oferecidos, incluindo encaminhamentos para outros prestadores de cuidados, quando necessário. O S-Cape está a ganhar reconhecimento nacional na República da África do Sul e está a desenvolver um modelo reproduzível que funcionaria bem em todo o continente africano.

3. Focado na Criança.

Algumas sobreviventes resgatadas pelo ministério S-Cape são jovens e adolescentes; algumas já têm filhos. Outras são adultas com filhos dependentes, cujas idades variam desde a infância até à adolescência. O S-Cape está constante e intencionalmente envolvido na criação de um ministério eficaz para as crianças, focado nas crianças e no que lhes diga respeito: a saúde, o bem-estar, a segurança e a educação estão entre as prioridades abordadas nos protocolos de atendimento do S-Cape.

4. Baseado na Comunidade.

Os funcionários e ajudantes do S-Cape são seleccionados da área metropolitana local imediata e também vêm de cidades próximas. À medida que o ministério se expande, o nome e a reputação do S-Cape foram fortalecidos por Deus como testemunho da integridade e da qualidade dos serviços oferecidos e das vidas mudadas e apoiadas. O S-Cape tem uma excelente reputação na comunidade em que actua e é cada vez mais reconhecido pelas agências governamentais e por outras organizações sem fins lucrativos.

5. Transformacional.

O foco ministerial deste capítulo é de alto impacto e, por natureza, altamente transformador. Se conhecesse as sobreviventes que foram ajudadas pelo S-Cape, ficaria admirado com a transformação que Deus realizou em cada vida. O poder das trevas está quebrado; a autoridade da luz de Deus transforma vidas com esperança radiante e cura contínua. O S-Cape é uma comunidade de fé que está a ser usada por Deus para transformar radicalmente vidas na Cidade do Cabo, na África do Sul - e além.

CAPÍTULO 3

EUROPA

Em Abril de 2007, Deus mudou as nossas vidas para sempre. A partir daí, veríamos, oraríamos, pensaríamos e agiríamos de forma diferente. Este momento tornou-se decisivo para nós, David e Lisa Frisbie. *O Caminho de Volta* - o nosso trabalho de amor - é um resultado de um encontro divino que alterou permanentemente a nossa trajectória e redefiniu o nosso ministério.

Foi no dia 28 de Abril de 2007. Estávamos a falar e a aconselhar numa conferência de campo para missionários e pastores das missões globais da Igreja do Nazareno do campo Europa Sudeste. Estávamos em Balchik, na Bulgária, uma pequena cidade industrial na costa do Mar Negro. Como sempre, em tais eventos, havia alguns pastores e missionários presentes de várias nações e regiões próximas. A conferência estava lotada, sempre barulhenta, cheia do Espírito Santo de Deus, pontuada pelo riso e pelas lágrimas. Foi, como os organizadores esperavam que fosse, um momento revigorante e de renovação para ministros cristãos e suas famílias - professores, pastores, assistentes sociais e missionários.

As sessões de ensino preencheram completamente as nossas manhãs. Depois de um breve intervalo para o almoço, passávamos as tardes em sessões de aconselhamento directo com missionários e pastores de muitas nações - geralmente na presença de um tradutor. À noite, ajudávamos a realizar os cultos. Certa noite, encerrámos a sessão devocional e de adoração com um altar aberto, convidando as pessoas a chegarem-se à frente e a orar, interceder por outras pessoas ou talvez pedir a Deus um novo toque da Sua misericórdia e bênção. A nossa mensagem naquela noite não era uma pregação evangelística - todos os convidados da conferência eram pastores nazarenos ou missionários nazarenos, junto com os seus cônjuges e filhos. Nós já éramos crentes, apenas precisávamos de algum encorajamento e esperança.

Movidos pelo Espírito de Deus, muitos chegaram-se à frente para orar. Os homens oraram com os homens; as mulheres oraram com as mulheres. Alguns oraram em voz alta, na língua do seu país natal. A sala foi inundada com oração e louvor, pontuada por momentos de risos ou lágrimas.

Naquela noite, embora estivéssemos juntos, de muitos países diferentes, éramos um, como o corpo de Cristo, dando e recebendo, orando e recebendo orações. Grupos espontâneos reuniram-se à volta daqueles que estavam a orar, levantando as mãos no ar e pedindo a Deus uma nova infusão da Sua presença. A hora do altar naquela noite foi prolongada, bonita e refrescante. E depois de um longo período de oração e louvor, havia apenas uma pessoa que permanecia em oração.

Uma mulher da Europa de Leste, ainda estava a orar com Lisa. Ambas tinham lágrimas nos olhos. Orei em silêncio antes de me aproximar delas, depois ajoelhei-me com a minha esposa para oferecer as minhas orações e a minha ajuda, se lhe fossem úteis.

Tornou-se um momento de encontro divino.

Quando me ajoelhei ao lado de Lisa, a outra mulher de repente olhou para mim. Enquanto eu viver, não esquecerei a expressão no seu rosto, as lágrimas nos seus olhos ou o impacto emocional da sua assustadora pergunta.

"Como posso ajudar estas mulheres?" perguntou-me, implorando por uma resposta.

Deus usou aquela pergunta para mudar as nossas vidas.

Na conversa que se seguiu, a mulher derramou o seu coração. O seu nome era Monica e era uma enfermeira qualificada. Trabalhou numa clínica médica na sua terra natal, a Roménia. Era casada com um maravilhoso pastor nazareno; juntos, moravam numa área urbana no meio de uma das maiores cidades da Roménia.

"Como posso ajudar estas mulheres?" foi a pergunta dela. E, como viemos a perceber, o que ela quis dizer foi: "Como posso mudar a vida de pessoas - geralmente mulheres e crianças - que são escravizadas pelo terror do tráfico humano?"

Fora da sua clínica, da sua igreja e da sua casa, a mulher estava rodeada pelas vítimas visíveis do tráfico. Ela observava-as na rua à noite, mal vestidas, à espera que um carro parasse ou que um turista embriagado se aproximasse. Via-as ao início da manhã, terminada a longa noite de servidão - voltando aos seus captores para entregar os seus ganhos. Fracas e cansadas, via o olhar de desalento nos seus olhos. Via os vergões e hematomas nos seus braços e rostos; danos infligidos pelos "clientes" ou pelos empregadores, os seus captores.

Depois de viver no meio de tanto desespero durante tanto tempo, aqui estava uma mulher que estava pronta para fazer alguma coisa. Contudo, o quê? Como? O que ela trouxe ao altar, naquela noite, no dia 28 de Abril de 2007, foi simplesmente um coração aberto, as lágrimas de uma enfermeira compassiva e uma pergunta assustadora.

"Como posso ajudar estas mulheres?"

Juntas, começámos a orar e a procurar respostas. No dia seguinte, incluímos o seu pastor/marido nas conversas e nas orações. Agora éramos quatro - unindo-nos, apesar dos milhares de quilómetros entre as nossas casas e nações. Orámos e pedimos a Deus pela Sua sabedoria. Orámos e pedimos a Deus que nos mostrasse uma maneira de resgatar e libertar os que estavam presos em cativeiro.

Pouco a pouco, dia após dia, Deus começou a ouvir e a responder às nossas orações, concedendo a Sua sabedoria e o Seu discernimento. Embora tenhamos deixado Balchik, na Bulgária, sem uma solução específica em vista, apenas muitas orações, um sonho persistente e uma mulher determinada, pudemos sentir Deus a trabalhar para preparar o caminho, fortalecendo a esperança e a cura às vítimas do tráfico humano na Roménia e nas nações vizinhas.

Pequenos Passos

"Uma viagem de mil milhas começa com um passo", diz uma tradução grosseira de um provérbio chinês (aproximadamente 1600 Km). O que o provérbio não diz é que enquanto se dá o primeiro passo, e o seguinte, e alguns mais à frente, podemos sentir que não estamos a andar de todo.

Um ano após aquela conferência, reunimo-nos novamente na Bulgária para uma segunda conferência com muitas das mesmas pessoas. Embora estivéssemos em contacto regular com a Monica e o marido por telefone, mensagem e e-mail, não nos vimos pessoalmente durante aquele ano. A esta altura, sentíamo-nos muito mais próximos - tínhamos compartilhado muitas conversas e muito tempo de oração - mas havia pouco a relatar no que toca a um progresso tangível e visível.

Por onde começar? Estávamos a pedir a Deus que nos mostrasse pequenos passos, escolhas minúsculas, mas concretas, que nos levariam sequencialmente adiante, levando à criação de um espaço seguro, um local de resgate, um centro de acolhimento cheio de cura e esperança. Deus já nos tinha mostrado alguns dos primeiros passos, durante as conversas iniciais e os tempos de oração do ano anterior. Sabíamos que era necessária uma organização não governamental, sem fins lucrativos (ONG), através da qual poderíamos angariar fundos e construir uma infra-estrutura. Preferencialmente, a organização seria sediada na Europa de Leste, mas facilmente acessível por patrocinadores em toda a Europa, América do Norte e além.

Precisávamos de encontrar um local viável - um apartamento ou um conjunto de apartamentos, um antigo hotel ou um motel ou talvez uma casa grande. Precisávamos de uma equipa - conselheiros, enfermeiras, empregadas domésticas, cozinheiros, além de professores e outras pessoas que pudessem educar e formar os sobreviventes. Embora ainda não soubéssemos disso em Abril de 2008, também precisaríamos de uma força de segurança treinada, com guardas armados de serviço a tempo inteiro no eventual Centro de Resgate. Onde é que íamos encontrar pessoas solidárias e comprometidas para trabalhar no staff? Onde é que íamos encontrar pessoas treinadas para atender às necessidades de aconselhamento médico e terapêutico dos sobreviventes? Como é que Deus supriria, quando tínhamos tão pouco a oferecer - apenas sonhos, esperança e oração.

Havia tantas necessidades, desde o início, e tão poucos patrocinadores e apoiantes. Onde é que era suposto começar? Não ficámos surpreendidos com a quantidade de "burocracia", tendo em conta que era uma nação do antigo bloco de Leste. Era difícil ou impossível criar uma nova organização sem fins lucrativos, obtendo aprovação e certificação do governo. À nossa frente surgiam barreiras após barreiras; os esforços para incorporar ou formar uma nova entidade falharam repetidamente. Vez após vez, oração após oração, as portas pareciam mais fechadas do que abertas. No entanto, sem dúvida nenhuma, Deus estava a trabalhar - mantendo o sonho vivo, mantendo as orações actualizadas e mantendo a comunicação transatlântica e transcultural. Claramente, Deus tinha colocado o fardo no coração certo, no sítio certo, e no momento certo. Era claro que Deus tinha escolhido uma enfermeira da Europa de Leste para carregar esta tocha e liderar esta missão. E pela Sua incrível graça, Ele estava a permitir que fôssemos "parteiras" no nascimento de um novo ministério.

Tínhamos um óptimo ponto de partida: Deus tinha-nos dado a líder perfeita: a Monica.

Esta mulher, com lágrimas nos olhos, a mulher em quem Deus deu à luz este sonho e através de quem Ele criou um local de resgate - esta mulher impressionante estaria a liderar o novo ministério. Uma sobrevivente do regime comunista que quase foi morta quando a ditadura de Ceauşescu[5] entrou em colapso em 1989 - ela era (e é) destemida diante da oposição e determinada diante de contratempos.

Enfermeira qualificada, casada com um pastor - Monica já estava activa no ministério de mulheres e crianças. Ela tinha o coração para a função e a determinação de um exército inteiro. Formidável tanto em oração quanto em pessoa - Deus tinha levantado a líder certa.

No entanto, havia muitas coisas que parecíamos não ter, um ano depois do primeiro encontro. Ainda nos faltava a aprovação do governo para criar ou operar uma nova organização sem fins lucrativos. Ainda não tínhamos um espaço, um apartamento, uma casa, ou um prédio, para iniciar a parte residencial do resgate e da recuperação, embora houvesse um prédio, propriedade de dois médicos comprometidos em estabelecer uma fundação médica. Este prédio acabaria por ser vendido e o dinheiro usado para comprar um centro residencial numa zona adequada.

Não tínhamos uma equipa de profissionais médicos e terapeutas, além da mulher que serviria como directora. Havia tanto que ainda não tínhamos, mesmo um ano inteiro depois de começarmos a orar pelo assunto! No entanto, Deus já tinha suprido muitas coisas - Deus plantou este sonho no coração e na alma de uma mulher sábia que era bem qualificada e chamada por Ele para liderar o ministério. Depois de um ano a orar e a fazer planos tínhamos uma perspectiva mais clara do nosso objectivo. Pudemos ver os contornos básicos dos passos seguintes - mas não muito além disso.

O progresso vem passo a passo. Passariam mais quatro anos até à inauguração oficial do Centro, embora o trabalho (resgate, tratamento, recuperação) tenha começado um pouco antes da data de inauguração. Até o final de 2012, Deus providenciou uma casa adequada numa área residencial - com aprovação para os fins pretendidos. Deus começou a reunir uma equipa e o apoio necessário começou a fluir.

MAIS DO QUE UM EDIFÍCIO

Quase imediatamente, a notícia do centro espalhou-se pelos serviços sociais e pela rede ministerial da grande cidade. Durante muito tempo aquela cidade precisava de um lugar de refúgio para as pessoas - maioritariamente mulheres, com filhos pequenos - que escapavam aos horrores do tráfico humano. Agora havia um lugar; a notícia espalhou-se rapidamente e o Centro rapidamente atingiu a lotação.

Entre os primeiros meses de 2013 e os meses finais de 2014, o centro e o seu ministério cresceram a um ritmo exponencial. Era quase impossível acompanhar as métricas e os marcadores. Por de trás do número de sobreviventes ajudados havia uma história trágica, entrelaçada com a graça de Deus e com o ministério gracioso da líder do Centro.

Uma das razões para o rápido sucesso do centro, foi a tenacidade e a integridade da líder escolhida por Deus. Monica Boseff, esposa de um pastor nazareno, tornou-se o rosto da esperança para toda uma geração de mulheres e crianças em sofrimento. Ela andou de repartição em repartição, na segurança social, em várias igrejas. Viajou pela Europa, visitou a América do Norte, com o objectivo de contar a história do centro e de angariar novas congregações apoiantes e patrocinadores. Conseguiu empregar guardas e outros membros indispensáveis à equipa.

O centro foi mencionado na BBC, aumentando o alcance e influência da missão para angariar novos patrocinadores. A secretária de estado dos EUA também reparou no trabalho do centro. Havia tão poucos (ainda há) centros de recuperação eficazes e contextualizados para ajudar quem foge do cativeiro e do tráfico. As opções são limitadas; o sucesso é raro. Durante uma visita à Roménia pelo então vice-presidente Joseph Biden, o centro e a directora receberam uma gratificação da secretária de estado dos EUA. O prémio foi entregue a Monica Boseff, em pessoa, por Jill Biden, esposa do vice-presidente.

As principais métricas foram alcançadas muito rapidamente. Chegou o dia em que 100 sobreviventes tinham sido resgatados do tráfico. Depois de anos e meses a orar e em preparativos, de repente o tempo passou a correr. Pouco tempo depois já eram 200 sobreviventes resgatados - cada um com a sua história individual, Deus estava a criar uma parte importante e essencial da nossa narrativa.

Nota do Editor: O programa concentra-se num caminho intencional: as pessoas deixam de ser vítimas para serem sobreviventes e de sobreviventes passam a guerreiros em luta contra o tráfico humano. É um programa de 18 meses, que começa com o resgate. A colaboração com o Departamento de Luta Contra o Crime Organizado e Tráfico Humano, estabelece a necessidade de referenciar as mulheres que chegam ao centro. Cada caso é avaliado, convocando psicólogos, assistentes sociais e advogados. São assinados três contratos quando a vítima é admitida: um contrato de confidencialidade; outro assegurando à mulher que ela está numa casa segura, que a assistência será prestada através de serviços competentes; e ainda outro que estipula que regras serão seguidas para proteger, nutrir e guiá-la a uma vida integrada na sociedade - uma vida de dignidade e liberdade.

A sobrevivente e a equipa do centro trabalham com os advogados para que o caso vá a tribunal. São realizadas avaliações físicas, emocionais, educacionais e sociais. Os funcionários estão sempre com as sobreviventes para apoiá-las no longo processo. A vida espiritual é abordada e são oferecidas oportunidades para buscar o desenvolvimento espiritual. Muitas vêm à Igreja do Nazareno local, expressando uma fome palpável e uma profunda sede de Deus, liberdade e paz nas suas vidas. São disponibilizadas oportunidades educacionais para ajudar a desenvolver competências, aumentar o talento e a voz e ajudar os sobreviventes a encontrar um trabalho edificante na sociedade. A transformação holística restaura a dignidade de cada vida. Cada pessoa tem valor, qualquer um pode erguer-se do seu passado destruído e as mulheres que terminam o programa continuam a ser apoiadas pelos que as amam. As sobreviventes são ensinadas a gerir dinheiro e recebem ajuda na procura de um lar e na educação dos seus filhos, sem que as sombras assustadoras do passado destruam os seus futuros. Até ao momento, 85% das mais de 400 sobreviventes que se formaram no programa estão a viver vidas saudáveis e integradas, independentemente do Centro.

Através dos esforços deste centro de reabilitação criado pelos nazarenos numa nação anteriormente oprimida, a Roménia, mesmo no coração da capital, Deus colocou um farol de esperança, um porto seguro, um centro de cura e recuperação. Pela graça de Deus, cada sobrevivente que escolhe seguir em frente e viver esta graça na sua vida, torna-se uma voz poderosa de liberdade e esperança.

Com tantas histórias para contar, este pequeno livro obriga-nos a escolher apenas algumas. Portanto, aqui estão alguns vislumbres da criatividade com a qual o nosso Deus amoroso usou o Centro para "libertar os cativos" e curar as feridas dos que estão quebrados.

MISSÃO IMPOSSÍVEL

O telefone do Centro tocou. A pessoa que ligou estava preocupada com uma vizinha do outro lado da rua, que aparentemente estava a ser traficada pelo marido. Ela estava atenta à sua vizinha, observando discretamente os abusos físicos e o tráfico forçado exercido pelo marido. Quando percebeu exactamente o que se estava a passar do outro lado da rua, começou a indagar junto dos seus contactos se alguém conheceria uma organização que pudesse ajudar ou se havia um número de telefone a quem ligar. Alguém sabia de um grupo ou agência que pudesse ajudar no resgate desta e de outras vítimas de tráfico?

Estas perguntas levaram-na ao Centro. Agora, ao telefone, ela descrevia a situação como a tinha observado pessoalmente. Ela queria saber, em primeiro lugar, como é que poderia ajudar? O que é que poderia fazer?

O Centro aconselhou-a de forma estratégica. Ela foi instruída a ficar atenta a um momento em que o abusador, o marido, saísse. Aí, ela deveria ir até lá e tocar à porta. Se o marido afinal estivesse em casa, ela deveria perguntar se lhe podiam dar um pouco de farinha ou açúcar. Mas se o marido estivesse ausente, ela deveria dizer à mulher que era possível um resgate imediato. A vítima deveria agarrar apenas nos seus documentos de identificação e no seu filho e sair imediatamente. Ela deveria trazê-los imediatamente para o Centro.

Em espírito de oração com outro membro da família, a mulher ficou atenta e esperou pela sua oportunidade. Finalmente, teve uma oportunidade. Encheu-se de coragem e atravessou a rua em direcção à casa da vizinha. O marido estava fora. Ela explicou rapidamente a situação: "A senhora e o seu filho podem ficar em segurança. Há um lugar para onde podem ir morar, com pessoas que vos vão ajudar a começar uma vida nova, longe da violência, longe do tráfico. Mas tem de escolher agora - neste momento - e tem de agir rapidamente!"

Tremendo de descrença, a vítima do tráfico olhou para a compassiva vizinha à sua porta. "Não é este o tipo de vida que eu quero para o meu filho", chorou. "Quero que meu filho esteja seguro, cresça em segurança e seja saudável."

Como instruída, a vítima agarrou nos seus documentos de identificação e no seu filho, e a vizinha levou-a imediatamente para a sua casa. Quando caiu a noite e tudo estava escuro, elas saíram discretamente e foram até à paragem de autocarro, onde apanharam o autocarro para o lado oposto do país. A vizinha, agora socorrista, pagou os bilhetes de autocarro e viajou com a vítima e com o seu filho até ao destino.

Quando chegaram à cidade distante, o Centro tinha alguns membros da equipa prontos a receberem mãe e filho, e também a vizinha. O Centro acolheu imediatamente a sobrevivente, providenciando-lhe esperança, alimento e um lar, e também uma avaliação inicial e aconselhamento. À vizinha, o Centro estendeu um convite sincero: "Volte connosco para o Centro, vamos comer juntos. Pode regressar a casa mais tarde."

"Oh não", respondeu a vizinha. "Saber que esta mulher e o seu filho estão a salvo é suficiente. Como sei que estão em segurança, vou regressar a casa. Mas obrigado pela gentil oferta!"

Por sua conta e risco, arriscando a sua própria segurança, esta mulher resgatou a vizinha e o seu filho da violência e do tráfico. Ela comprou os bilhetes de autocarro para a cidade onde está o Centro. E agora, sem esperar reconhecimento adicional, e sem aceitar sequer uma refeição como agradecimento, ela comprou o seu bilhete de regresso e passou mais 10/12 horas em viagem.

A mulher resgatada e o seu filho estão muito bem.

A mulher que, com coragem, resgatou e apoiou a sobrevivente, regressou a casa e retomou a sua vida normal.

As Vítimas Mais Jovens

Por razões que entenderá muito em breve, os detalhes e informações desta história são muito reduzidos. Não vamos entrar em pormenores sobre o que estamos a relatar. O leitor entenderá, quando perceber a natureza desta narrativa.

Entre os mais de 400 resgates em que o Centro esteve envolvido, alguns são mais gráficos e marcantes do que outros. Com base nas informações reveladas por uma ex-vítima de tráfico, o governo romeno lançou o seu maior ataque de todos os tempos a pornógrafos. O resultado deste ataque bem-sucedido foi o desmantelamento de uma grande rede de pornografia infantil, cujos vídeos e pornografia na Internet envolveram crianças de três a quatro anos de idade.

À medida que o ataque se desenrolava, as crianças, tão pequenas, eram resgatadas da escravatura literal. Estas crianças eram mantidas acorrentadas, em caves escuras, e forçadas a realizar actos dolorosos e repugnantes em frente a câmaras, para benefício financeiro dos seus sequestradores; estas crianças foram libertas como resultado de um ataque coordenado pelas agências governamentais. Mas o que iria o governo fazer com estes bebés/crianças? Para onde iriam? Quem os acolheria? Quem cuidaria deles?

O telefone do Centro voltou a tocar - o Centro não é um ministério para crianças e ele não está directamente envolvido na guerra contra a pornografia e exploração sexual online. O telefone tocou, e um membro do governo perguntou se o Centro poderia acolher e cuidar destas crianças em sofrimento - vítimas de abuso, pornografia e exploração sexual. Tendo já atingido a sua capacidade, um responsável do Centro tentou explicar que simplesmente não havia "espaço" para estas crianças.

E ainda assim a conversa desenrolava-se e eles insistiam. "Não temos mais ninguém a quem recorrer", disseram as autoridades. "Não há mais ninguém que ajude. Sabemos que fazem um excelente trabalho com mulheres e crianças. Sabemos que estas crianças estarão em segurança convosco."

Então, com alguma relutância, e após considerável oração, a directora do centro concordou em receber, e encontrar lares para estas crianças. Cada uma das suas histórias é de partir o coração. As feridas e as complicações de saúde eram muitas. Era difícil, mesmo para uma enfermeira ou uma assistente social experiente, ver as feridas e ouvir as histórias destas crianças. E o leitor agora entende porque não vamos partilhar os horrores, ou descrever as dificuldades destas crianças nestas páginas.

Vamos concentrar-nos primeiramente no resultado.

Antes, estas crianças estavam acorrentadas e em sofrimento, abusadas e feridas, exploradas sem qualquer esperança no seu futuro. No dia seguinte, pela graça de Deus e pelo ministério de compaixão dos nazarenos, estas mesmas crianças foram libertas! Agora são amadas, nutridas, tratadas, ajudadas, cuidadas e acomodadas em lugares seguros. Agora, o processo de cura pode começar. Agora, as suas histórias pessoais podem mudar das trevas do mal para a vida e luz de Deus.

Neste ataque em particular, e nesta situação específica, duas dúzias de crianças foram resgatadas de um dos tipos de tráfico mais obscuros que existe. Deus usou o Centro - criado principalmente para ajudar as mulheres a escapar aos seus captores e a começar uma nova vida - para ajudar crianças muito pequenas a recuperarem de tratamentos horríveis e abusos aterrorizantes. Alguém poderia imaginar este resgate em Abril de 2007?

Deus podia, e fê-lo. A graça de Deus alcança e salva os marginalizados.

Valores Globais dos MNC em Perspectiva

Ao considerarmos o que Deus está a fazer através da Igreja do Nazareno na Europa de Leste, vejamos a Sua actividade através das lentes dos MNC.

1. Envolvimento e Liderança da Igreja do Nazareno local.

   Neste caso, a directora do Centro - a líder que Deus levantou - não é apenas uma enfermeira e uma administradora hábil, ela também é a esposa de um pastor nazareno e ambos chegaram a Cristo nos primeiros dias das missões nazarenas na Roménia. A mensagem de santidade e transformação forneceu bases sólidas para este trabalho. Desde o início, uma Igreja do Nazareno local era central para o emergente ministério de resgate e esperança, fornecendo espaço para actividades do projecto, bem como voluntários. E a história fica ainda melhor: O nome da Igreja do Nazareno local através da qual este ministério foi formado e é apoiado é: The Blessing Church of the Nazarene (A Bênção)! Consegue imaginar um nome mais adequado para a igreja que apoia este ministério?

2. Uma Abordagem holística.

   Desde o início, a abordagem do Centro tem sido tratar a pessoa enquanto um todo - corpo, mente e alma - nos seus protocolos de acolhimento. O diagnóstico e o tratamento médicos são fundamentais para o ministério; a própria líder é enfermeira. Os médicos também estão disponíveis e facilmente acessíveis. Segundo, as questões de cognição e aprendizagem são abordadas através da alfabetização, da continuação ou do início da educação formal (conclusão do curso, aulas para crianças) e cursos em áreas práticas, como trabalhos auto-sustentáveis, competências parentais e competências básicas para a vida. Finalmente, o cuidado da alma é fomentado por capeláes, pastores e crentes atenciosos entre os funcionários e ajudantes do Centro. Desta forma, cada sobrevivente recebe atenção em todos os aspectos que fazem dela uma "pessoa completa".

3. Focado na Criança.

Alguns dos sobreviventes que foram resgatados pelo ministério deste Centro são crianças, muito pequenas, ainda longe da adolescência. Outras são jovens e adolescentes que já deram à luz filhos. Outras são adultas com filhos dependentes, cujas idades variam desde a infância até à adolescência. O resultado é que o Centro está constantemente envolvido no ministério para crianças, focado nas crianças e nos seus problemas: a saúde, o bem-estar, a segurança e a educação estão entre as prioridades na abordagem do Centro aos cuidados da criança.

4. Baseado na Comunidade.

Como já mencionámos nestas páginas, "é preciso toda uma vila para criar uma criança". Os funcionários e prestadores de cuidados do Centro são provenientes da comunidade local imediata e também de países vizinhos. À medida que o ministério se expande, o nome e a reputação do S-Cape foram fortalecidos por Deus como testemunho da integridade e da qualidade dos serviços oferecidos e das vidas transformadas. O Centro tem uma excelente reputação dentro da comunidade que serve e é cada vez mais reconhecido pelo governo tanto a nível local como nacional.

5. Transformacional.

Cada capítulo deste livro descreve um ministério de alto impacto e, por natureza, altamente transformador. Se conhecesse algum dos sobreviventes que foram ajudados pelo Centro, ficaria admirado com a transformação que Deus realizou em cada vida. Vidas que antes estavam presas nas trevas, foram libertas pelo poder do Espírito Santo de Deus e pelos esforços corajosos, determinados e destemidos de Monica Boseff e da sua equipa de prestadores de cuidados e auxiliares. Todos os dias, vidas estão a ser transformadas para a eternidade.

Capítulo 4

Califórnia

A Norte da fronteira dos EUA com o México, fica um dos estados mais populosos deste país: a Califórnia. No extremo sul da Califórnia, o município de San Diego cobre mais de 11.655 km² de área geográfica; uma vasta extensão de montanhas, vales, áreas desérticas e costas tropicais, além de inúmeras cidades e bairros densamente povoados. Por si só, este município é maior do que o estado de Delaware ou de Rhode Island, nos EUA, ou do que a Gâmbia, na África Ocidental. E este é apenas um município, apenas um entre os 58 que compõem a Califórnia.

As estimativas actuais da população em San Diego referem que tem 3,3 milhões de pessoas, ou cerca de um décimo dos 39 milhões de pessoas naquele estado. Pela sua proximidade com o México, há muito que as zonas fronteiriças são conhecidas por serem corredores de tráfico - de drogas, de armas e também de seres humanos. Parte do tráfico humano envolve apenas contrabando voluntário - pessoas que são pagas para atravessar a fronteira de forma ilegal como ponto de entrada nos EUA. Mas há um outro tipo de tráfico, um mais sinistro: o tráfico humano involuntário para a exploração sexual. Apesar do muro e das vedações, o tráfico continua a desafiar, confrontar e confundir as autoridades nos dois lados da fronteira.

Há várias décadas, uma escola de santidade chamada Pasadena College, em Pasadena, Califórnia, tomou a decisão de deixar o município de Los Angeles, e ir para o sul, para um local costeiro em San Diego. Agora localizada na área de Point Loma, em San Diego, e conhecida como Universidade Nazarena de Point Loma (PLNU), a escola goza de uma excelente e merecida reputação como um centro educacional de primeiro nível.

A escola aventurou-se recentemente na educação online e na educação para adultos, incluindo a conclusão de cursos para adultos. Como resultado, o número total de alunos em Point Loma, incluindo as tradicionais licenciaturas e todos os outros programas, chegou aos quase 5.000. Desses, quase dois terços estão inscritos nos programas tradicionais, estando os restantes inscritos nos programas de pós-graduação bastante aclamados da PLNU.

Quando Jamie Gates,[6] formado em 1992 na Eastern Nazarene College e em 1995 no Nazarene Theological Seminary, chegou para servir em Point Loma, ele estava à procura de maneiras de conjugar o seu coração aos ministérios de compaixão com o seu interesse e formação em antropologia cultural. Dedicando-se ao estudo da economia, política e justiça social no Sul da Califórnia, Gates ficou admirado com a falta de informação em relação ao tráfico humano. Preocupado, ajudou a fundar e a formar o Centro de Justiça e Reconciliação (CJR) no campus da Universidade Nazarena de Point Loma. E embora seja uma organização relativamente jovem, a CJR já ganhou uma reputação nacional e internacional pelo seu excelente trabalho no estudo do tráfico humano em San Diego.

Recentemente, o Departamento de Justiça dos Estados Unidos atribuiu um subsídio à CJR, para fins que incluem o estudo do tráfico humano nas perspectivas económica, criminal e social. Os principais arquitectos deste estudo incluíram Gates, de Point Loma e Ami Carpenter, docente da Universidade de San Diego.

Juntos, Gates e Carpenter ajudaram a pesquisar e a produzir o relatório "Measuring the Extent and Nature of Gang Involvement in Sex Trafficking in the San Diego, California/Tijuana, Mexico Border Region (2013-2016)" (Medindo a Extensão e a Natureza do Envolvimento de Gangues no Tráfico Sexual na Região Fronteiriça de San Diego, Califórnia/Tijuana, México - 2013-2016). O Instituto Nacional da Justiça (NIJ), um centro de pesquisa, desenvolvimento e análise do Departamento da Justiça dos EUA, foi patrocinador deste estudo inovador. O NIJ tem estado na vanguarda do financiamento e do comissionamento de estudos relacionados com o tráfico humano nos Estados Unidos.

Resumidamente, aqui estão algumas conclusões do projecto de pesquisa plurianual, relacionado com tráfico humano nesta área específica do país:

- Mais de 8.000 vítimas de tráfico humano por ano
- Cerca de 110 gangues diferentes, envolvidas no tráfico humano
- Estimativa de 810 milhões de dólares em receita ilegal, não declarada
- O tráfico humano é o segundo maior tipo de tráfico na região, perdendo apenas para o tráfico de substâncias químicas/drogas
- Uma média de 4,5 pessoas é traficada por cada traficante intermediário (por exemplo: proxeneta, membro de um gangue, etc.)

- 16 anos - idade média em que as vítimas são recrutadas e escravizadas pelas redes de tráfico
- Em média, as vítimas são traficadas durante três anos até atraírem a atenção das agências policiais locais
- As redes sociais costumam ser uma plataforma de recrutamento para traficantes. Os gangues são conhecidos por recrutarem através das redes sociais, incluindo Facebook e Twitter
- Há um esforço expressivo de recrutamento em escolas de 2º e 3º ciclo da região
- Um número considerável e crescente de intermediários do tráfico sexual (recrutadores, traficantes) é do sexo feminino

Além do seu trabalho colaborativo no estudo patrocinado pelo NIJ, Gates tem um papel de liderança em muitas outras redes e movimentos anti-tráfico. Entre os seus compromissos actuais, ele é co-presidente do Comité de Pesquisa e Dados do Conselho Consultivo de San Diego sobre Tráfico Humano e Exploração Sexual Criminal de Crianças (CSEC). É o fundador e actual director da Human Trafficking Research and Data Advisory Roundtable (HT-RADAR). Lidera um projecto que visa criar programas educacionais baseados em teatro para estudantes das escolas de 2º e 3º ciclo de San Diego, onde os recrutadores já estão activos. O projecto espera aumentar a consciencialização sobre os métodos usados pelos recrutadores, com o objectivo de reduzir o número de recrutados.

Conhecido pelo seu trabalho em San Diego e cada vez mais em todo o país, Gates é chamado como consultor para apoiar a criação de estratégias legais para resistir e deter o tráfico humano. Ele trabalha em rede com outras organizações religiosas que combatem o tráfico, ajudando-as a organizarem-se e a crescerem.

Contudo, e apesar de todos estes papéis de liderança, Gates talvez seja mais reconhecido pelo seu trabalho na implementação de um programa inovador de bolsas de estudo para vítimas e sobreviventes do tráfico humano. O programa já está operacional no campus da Universidade Nazarena de Point Loma, onde vidas já estão a ser transformadas pelo impacto espiritual e pelo testemunho de um campus cristão, e pelo impacto económico de bolsas de estudo que as beneficia.

"BEAUTY FOR ASHES":
UM PROGRAMA DE BOLSAS DE ESTUDO PARA SOBREVIVENTES DO TRÁFICO

Como se lê na brochura deste inovador programa da Universidade Nazarena de Point Loma:

"Além da profunda fé em Cristo e de uma comunidade que apoia, pode não haver maior intervenção a longo prazo para a reabilitação dos sobreviventes do tráfico humano do que o ambiente amoroso, academicamente desafiador e cuidadosamente orientado de uma educação universitária cristã."

Com esse objectivo, a Universidade Nazarena de Point Loma e o seu Centro de Justiça e Reconciliação estabeleceram as bolsas "Beauty for Ashes" em 2014. O objectivo original era angariar o preço aproximado de um ano de ensino superior (cerca de 40.000$ na época), a fim de ajudar um sobrevivente a experimentar o ensino universitário cristão. Desde esse esforço inicial, o envolvimento de patrocinadores atenciosos ajudou o programa a crescer organicamente e a prosperar economicamente.

O patrocínio do programa começou em 2016 e, em Dezembro de 2018, os dois primeiros bolsistas "Beauty for Ashes" formaram-se na

Universidade Nazarena de Point Loma. Em Maio de 2019, o terceiro sobrevivente concluiu os seus estudos.

PERFIS DE UM LÍDER

Kim Berry-Jones é directora do programa de bolsas "Beauty for Ashes" da Universidade Nazarena de Point Loma. Kim tem a PLNU na sua história e herança. Os seus pais formaram-se na original Pasadena Nazarene College. Os seus avós também se formaram na Pasadena Nazarene College. Portanto, Kim é uma estudante de terceira geração na Universidade Nazarena de Point Loma - uma história de sucesso viva e um tributo à herança divina de uma universidade nazarena fundada em 1902, no sul da Califórnia.

A jornada de Kim para a liderança do programa de bolsas de estudo para sobreviventes começou com um sentido de chamada. Embora ainda não fosse específica (ela não tinha ideia de que a luta contra o tráfico sexual se tornaria a sua causa e a sua paixão), ela estava cheia de um sentido de que Deus tinha "mais" para a sua vida. Ela estava a ter sucesso nos seus negócios e liderava a Business Alumni Association na sua universidade, PLNU. Era dona de uma empresa de marketing, a Canopy Marketing, há já duas décadas. Ela era bem-sucedida e uma líder experiente - mas sentiu Deus a trabalhar, preparando-a para uma chamada maior e uma missão mais ampla.

Na mesma época, a igreja local de Kim começou a sentir um fardo pela "requalificação" de um parque ali próximo. Há muito que o parque estava a ser invadido por violência, actividades de gangues e abuso de drogas e álcool. O crime era desenfreado e os vizinhos costumavam ter medo de ir ao parque, mesmo durante o dia. Orando e tentando preparar-se para quase tudo, a igreja começou o seu ministério de evangelismo no parque. As expectativas eram baixas, mas a antecipação era alta.

Vamos deixar que Kim nos fale desta missão pelas suas próprias palavras:

"Quando fomos ao parque, descobrimos pessoas magoadas que ansiavam por um relacionamento e iniciámos uma jornada que mudou fundamentalmente como vemos o nosso papel na comunidade."

Outra descoberta, foi uma menina de 13 anos que estava a ser traficada pelo seu pai mesmo ali no parque, todas as noites. Naquela altura, Kim também tinha uma filha de 13 anos em casa. A ideia de que uma menina da mesma idade da sua filha estava a sofrer os terrores do tráfico humano deteve a sua atenção. Ela sabia que tinha de fazer alguma coisa. Mas o quê? E como?

Na mesma altura, Kim soube do Centro de Justiça e Reconciliação da Universidade Nazarena de Point Loma. Em conversa com Jamie Gates, conheceu mais sobre a dinâmica socio-económica do tráfico. Kim e Jamie conversaram sobre como a PLNU se poderia envolver na luta contra o tráfico e, especificamente, no resgate e reabilitação dos sobreviventes.

Estas conversas, juntamente com a pesquisa do CJR, levaram à criação das bolsas de estudo "Beauty for Ashes". Tanto quanto se sabe, este programa de bolsas de estudo é o primeiro deste tipo no país e talvez até a nível global. Este modelo das bolsas de estudo pode ser seguido por outras pessoas, criando e estabelecendo oportunidades educacionais para os sobreviventes.

Como observado anteriormente neste capítulo, três pessoas (mulheres) formaram-se na Universidade Nazarena de Point Loma através da bolsa "Beauty for Ashes". E a história continua a desenrolar-se: neste momento, a primeira dessas três alunas está agora matriculada num programa de Mestrado em Assistência Social (MSW) e está a trabalhar no campus da PLNU para criar um sistema holístico de apoio que permita o sucesso do aluno.

Kim relata que a administração da Universidade Nazarena de Point Loma apoia e está comprometida com o programa de bolsas de estudo "Beauty for Ashes" e com o trabalho contínuo do Centro de Justiça e Reconciliação. São feitos contactos quase diários com outros prestadores de serviços sociais e organizações religiosas que querem fazer a diferença. O cenário do movimento antitráfico está a mudar rapidamente - e na vanguarda está o impressionante trabalho do Centro de Justiça e Reconciliação, incluindo as bolsas "Beauty for Ashes".

Voltemos às palavras de Kim, que testemunha sobre como este tipo de missão e ministério impactou a sua jornada espiritual.

"Este trabalho mudou-me profundamente. Como crente de longa data, ao celebrar o meu 45º ano de vida, sabia que algo dentro de mim estava a mudar. Sabia o que significava 'seguir a Deus' e sabia que isso significava amar os outros.

Mas o que me agarrou foi a ideia que Bob Goff usa como título num dos seus livros: *Love Does*. Essa simples ideia - que o amor é sobre acções específicas e tangíveis, não apenas palavras - foi transformadora para mim.

Quando descobri que o tráfico humano e a exploração sexual eram um flagelo no meu próprio bairro - exactamente onde eu morava - o resto era uma resposta simples para mim. Como é que poderia usar as competências que Deus me tinha dado para fazer a diferença nesta batalha?

Poder usar as minhas competências e paixões para fazer um trabalho relevante num lugar que amo (PLNU), tem sido uma jornada incrível. Quando se tem a coragem de trazer o que está dentro de nós para um mundo maior, os milagres acontecem. Deus pega no nosso 'pequeno' e junta-o aos 'pequenos' esforços dos outros. Quando tal acontece, podemos realmente mudar o mundo!

A nossa luz pode brilhar nas trevas, confiando que as trevas não nos vencerão. Podemos viver sabendo que, no final, Deus vence.

Até lá, somos chamados a permanecer onde as pessoas são invisíveis, esquecidas e marginalizadas - e a chamar outros para ver, lembrar e trazer os seus dons e compromisso para o mesmo espaço. Formamos um círculo de amor e compromisso, com os nossos pequenos esforços, fortalecidos pela graça de Deus.

"E no meio de uma grande escuridão, também existe uma grande esperança!"

A História de Uma Sobrevivente
Bolsas de Estudo "Beauty for Ashes"

Jessica Kim é uma sobrevivente dos terrores do tráfico humano.

O padrasto era o seu traficante e o abuso começou quando ela tinha apenas 12 anos.

Quando ela tinha 7 anos ele entrou na vida dela e, olhando em retrospectiva, imediatamente evidenciou o comportamento de sedução tão típico dos abusadores sexuais e recrutadores. Esforçando-se para afastá-la da mãe, o padrasto de Jessica dava-lhe atenção, carinho e presentes - às vezes levando-a para fora por períodos prolongados.

Quando o tráfico começou, ele fê-la sentir-se culpada pela situação financeira da família. Aos 12 anos, colocou na sua enteada a responsabilidade de ganhar dinheiro. E enviou-a para o mundo do tráfico sexual, insistindo que, se Jessica não trabalhasse, a família não teria o que comer. Se Jessica não fizesse o que lhe foi ordenado, a família seria incapaz de pagar a renda e perderia o apartamento.

A certa altura, Kim tentou escapar - mas foi apanhada pelo padrasto. Ela continuou a sofrer e continuou a fazer o que era necessário para sobreviver. No entanto, ao mesmo tempo, começou a planear e a procurar uma forma de fuga permanente.

A fuga deu-se aos 18 anos, e exigiu um ano de planeamento sábio, dificultado pelo facto de que o seu padrasto, que também era traficante, tinha o seu documento de identificação e outros documentos legais. Eventualmente, Jessica livrou-se do abuso sexual e do tráfico forçado - estava na hora de, de alguma forma, construir uma nova identidade e uma nova vida.

Quando Jessica soube que a Universidade Nazarena de Point Loma estava a oferecer um programa de bolsas para sobreviventes de exploração sexual e tráfico humano, ela decidiu inscrever-se. Foi uma decisão que mudou a sua vida. Ela foi aceite no programa, recebendo a bolsa "Beauty for Ashes" e concluindo a sua educação na PLNU como uma das primeiras graduadas do programa de bolsas.

Hoje, ela está a devolver o investimento feito nela. Enquanto trabalha no mestrado em assistência social, Jessica está a ajudar a criar recursos anti-tráfico que possam ser usados em escolas de 2º e 3º ciclo em San Diego e noutras localidades. Ela quer alcançar outras pessoas que possam estar a sofrer como ela estava, trazendo-lhes informações úteis - e caminhos concretos e tangíveis para ter esperança e uma vida melhor.

Jamie Gates, director do Centro de Justiça e Reconciliação da PLNU, observa que as vítimas de tráfico geralmente ainda são estudantes durante o período de tráfico. "Temos muitos exemplos de vítimas que estão a ser exploradas sexualmente e continuam a ir à escola (2º ou 3º ciclo). Elas vão à escola durante o dia e à noite são forçadas ao tráfico sexual por quem as controla."

Jessica diz que espera ajudar muitos outros a encontrar uma maneira de escapar.

"Sei que muitos de nós - se as portas estiverem abertas - podemos dar o primeiro passo. É tudo o que precisamos. De uma oportunidade para mostrar o nosso verdadeiro eu."

Kim Berry-Jones, directora do programa de bolsas de estudo "Beauty for Ashes" da PLNU, acredita que as bolsas permitirão que muitos outros sobreviventes sejam transformados pela graça de Deus e por uma educação universitária cristã.

"Este programa de bolsas de estudo é uma mensagem a todos os sobreviventes: há pessoas para quem tu és importante, que se preocupam contigo e que te querem ajudar a encontrares uma nova vida para ti."

À medida que as bolsas são generosamente patrocinadas, as histórias de esperança também vão continuar.

VALORES GLOBAIS DOS MNC EM PERSPECTIVA

Deus está a trabalhar através da Igreja do Nazareno e da Universidade Nazarena de Point Loma e as principais prioridades dos MNC são afirmadas nesses ministérios.

1. Participação na Igreja do Nazareno local.

   Os ministérios centrais deste capítulo derivam de um campus universitário nazareno e dos seus talentosos líderes, incluindo um filho de missionários. Entretanto, o envolvimento da Igreja do Nazareno local é definitivamente um factor na vida contínua deste ministério. Sediada no próprio campus da Universidade Nazarena de Point Loma, a Primeira Igreja do Nazareno de San Diego tem apoiado as bolsas "Beauty for

Ashes", bem como o Centro de Justiça e Reconciliação. Liderada pelo pastor Dee Kelley, esta igreja é activista no mais alto e melhor sentido - comprometida em fazer a diferença. Outras igrejas do nazareno da área metropolitana de San Diego também estão envolvidas no trabalho e nos ministérios descritos neste capítulo.

2. Uma Abordagem holística.

Desde o seu início, o Centro de Justiça e Reconciliação da PLNU adoptou uma abordagem de ministério e assistência para a pessoa enquanto um todo. A mesma mentalidade orienta as actividades e os ministérios do programa de bolsas "Beauty for Ashes", que oferece bolsas de estudo aos sobreviventes do tráfico humano. Através dos serviços e agências da Universidade Nazarena de Point Loma, os cuidados com o corpo, a mente e a alma são integrados nos protocolos ministeriais da CJR e das bolsas "Beauty for Ashes". É preciso dizer que a maioria, se não todas as nossas universidades, trazem uma filosofia holística aos seus vários programas de educação e impacto espiritual. Desta forma, cada sobrevivente recebe atenção em todos os aspectos que fazem uma "pessoa completa".

3. Focado na Criança.

Alguns dos sobreviventes resgatados pelo ministério deste Centro de Justiça e Reconciliação, são adolescentes. Conforme mencionámos neste capítulo, os gangues estão activamente a recrutar jovens adolescentes para a escravização do tráfico humano - geralmente usando redes sociais e outras actividades online como "isco" ou "anzol" para atrair as vítimas. O Centro de Justiça e Reconciliação está a realizar um trabalho reconhecido a nível nacional para ajudar a manter crianças e adolescentes a salvo de traficantes. E quando os sobreviventes são resgatados, recebem cuidados e atenção que procuram atender às necessidades únicas das pessoas que sofrem os horrores deste mal em específico. Um foco no resgate e na protecção de crianças é fundamental para este ministério.

4. Baseado na Comunidade.

O trabalho do Centro de Justiça e Reconciliação é baseado na comunidade em pelo menos duas dimensões. A primeira dimensão é a comunidade do campus da Universidade Nazarena de Point Loma - estudantes, professores, administração e outros constituintes que estão envolvidos neste ministério. A CJR e o programa de bolsas de estudo "Beauty for Ashes" estão enraizados e também são extraídos da comunidade da PLNU. A segunda dimensão é a comunidade local mais ampla de San Diego e do Sul da Califórnia, incluindo a fronteira com o México. Nesta comunidade geográfica mais ampla, o trabalho do Centro de Justiça e Reconciliação está a receber crescente atenção, porque as suas pesquisas e programas levam a resultados bem-sucedidos. A Universidade Nazarena de Point Loma tem uma reputação merecida de excelência em toda a comunidade local e em todo o estado. Dia após dia, o trabalho da CJR e o programa "Beauty for Ashes" servem para aprimorar e ampliar essa reputação de excelência, compromisso cristão e justiça social.

5. Transformacional.

Cada capítulo deste livro descreve um ministério de alto impacto e, por natureza, altamente transformador. Embora tenhamos conseguido destacar apenas algumas das muitas histórias transformacionais que saem do Centro de Justiça e Reconciliação e do programa de bolsas "Beauty for Ashes" na PLNU, é óbvio que Deus está a fazer coisas incríveis na vida daqueles sobreviventes no caminho de volta à saúde e valor. A graça de Deus é abundante e o Seu poder para mudar vidas é incrível! Vidas que antes estavam presas nas trevas, agora têm sido libertas pelo poder do Espírito Santo de Deus.

Capítulo 5

Tennessee

No centro do estado do Tennessee, o município de Rutherford, EUA, abriga mais de 300.000 pessoas, tornando-o o quinto município com mais densidade populacional de todo o estado. Como outros municípios do Tennessee e dos Estados Unidos, os serviços sociais oferecidos aos residentes incluem um programa activo e bem-sucedido de prevenção e resposta à violência doméstica. Entre as características proeminentes deste programa, está um centro residencial, onde as mulheres, vítimas de violência doméstica, juntamente com os seus filhos e adolescentes dependentes, podem residir num "espaço seguro" enquanto se curam e se recuperam das feridas dos seus abusos passados.

Enquanto criança, Heather Edwards e a sua família foram abençoados por este programa, encontrando refúgio e plenitude nos programas de serviços sociais do condado de Rutherford. Portanto, talvez não seja surpresa que, depois de se formar na faculdade, Heather tenha dedicado os cinco anos seguintes a servir activamente no abrigo de mulheres, tornando-se parte da equipa residente. Enquanto servia nessa função, também trabalhava como defensora das crianças, ajudando adolescentes menores e crianças dependentes que residiam no abrigo enquanto as suas mães se recuperavam da violência. Heather aproveitou a oportunidade para "retribuir" no mesmo programa que ajudara a sua família anos antes.

Hoje, ela retribui ainda de outra forma. Está empregada como gerente residente do programa "Rest Stop" - um ministério eficaz que apoia sobreviventes do tráfico humano sediado em Nashville, Tennessee, EUA. Enquanto serve e ajuda neste ministério eficaz e respeitado, Heather também está matriculada na licenciatura de aconselhamento na Trevecca Nazarene University em Nashville, onde tenciona fazer um mestrado em terapia de casais e familiar (M.A. MFT).

Também no staff da Rest Stop, Sydney Hayslett, licenciou-se na Eastern Nazarene College em 2015. Enquanto estudava psicologia na ENC, Sydney fez um estágio em Amirah, um abrigo em Massachusetts. Foi ali que Deus começou a formar o seu coração para cuidar dos sobreviventes do tráfico humano e da exploração sexual.

Quando terminou os dois diplomas em psicologia e negócios, Sydney soube dos ministérios Rest Stop. Começando o seu trabalho neste ministério como staff residencial, ela fez a transição para o seu cargo actual, coordenadora de comunicação e de voluntários. Recém-casados, Sydney e o marido, Adam, estão comprometidos com a causa na Rest Stop.

Uma Igreja do Nazareno Aprende a Servir

A Rest Stop é um produto do evangelismo compassivo e do ministério comunitário lançado pela Hermitage Church of the Nazarene, em Nashville. Enquanto servia como pastor da vida comunitária naquela igreja, entre 2001 e 2015, a Dr. Rondy Smith criou e fundou os ministérios Rest Stop como resposta às necessidades visíveis da comunidade local. Hoje, ela é a directora executiva da Rest Stop, supervisionando todas as operações do ministério e lutando pelo resgate e a recuperação dos sobreviventes do tráfico.

A Dr. Smith é uma presbítera ordenada na Igreja do Nazareno. Ela obteve o seu mestrado em Comunicação Organizacional pela Universidade do Kansas e, em seguida, concluiu o doutoramento em Desenvolvimento Organizacional na Universidade Vanderbilt em Nashville. Durante uma década inteira, de 1991 a 2001, a Dr. Smith actuou como Professora Associada em gestão na Trevecca Nazarene University; onde orientou o programa de pós-graduação da TNU. As suas competências organizacionais e de liderança optimizam as operações comerciais e financeiras do ministério.

Outros membros notáveis da direcção do ministério incluem a Dra. Corlis McGee, antiga presidente da Eastern Nazarene College e professora de economia da Trevecca Nazarene University. A experiência da Dra. McGee em liderança organizacional e empresarial traz uma perspectiva valiosa às operações do ministério. Além do conselho de administração, uma junta consultiva relacionada também inclui líderes da comunidade de sobreviventes, bem como parceiros da igreja, proprietários de empresas, prestadores de serviços sociais e outras pessoas e organizações com interesse em servir.

Colectiva e colaborativamente, a direcção, a equipa e a junta consultiva da Rest Stop, estão a liderar um ministério eficaz para as vítimas do tráfico que poderia servir como um modelo valioso para outros seguirem, não só na América do Norte, mas também noutros países. A Rest Stop, nascida de uma Igreja do Nazareno local, tem uma equipa e é liderada por vários nazarenos.

ENTENDER O PROBLEMA:
PARA LÁ DO TENNESSEE

O tráfico humano é um problema global, que muitas vezes não é reconhecido em países prósperos, enquanto floresce em locais de pobreza e tensão económica. Resumidamente, aqui estão alguns factos difíceis sobre o cenário do tráfico humano hoje.[7]

- Estima-se que 27 milhões de pessoas sejam escravizadas hoje; mais do que em qualquer momento da história do mundo

- Entre os escravizados, cerca de 20% são do sexo masculino, sendo o grupo maior, 80%, do sexo feminino

- Entre as mulheres escravizadas, cerca de metade são crianças menores de idade que estão a ser traficadas e exploradas para fins sexuais

- Estima-se que o tráfico humano para exploração sexual seja um negócio de 34 biliões de dólares, tornando-se a segunda maior e a mais crescente actividade criminosa do mundo.

- Anualmente, quase 300.000 crianças nos Estados Unidos estão em risco de tráfico pela indústria de exploração sexual

- Nos EUA, a cada dois minutos, uma criança é traficada para a exploração sexual (dados do Departamento da Justiça)

- Nos EUA, a idade média de entrada nos circuitos de tráfico é de 13 anos

- Nos EUA, há casos de tráfico humano para a exploração sexual com crianças, principalmente do sexo feminino, com idades desde os 5 anos

- No estado do Tennessee, 94 menores são traficados por mês, num total de 1128[8]

- "O tráfico humano e a escravidão sexual no Tennessee são mais comuns do que se acreditava anteriormente", diz Mark Wynn, director do Tennessee Bureau of Investigation.
- 85% dos municípios do Tennessee têm casos documentados de tráfico humano para exploração sexual
- Quatro desses municípios relatam mais de 100 casos dentro das suas fronteiras num período de observação de 24 meses.
- Nashville, por ser confluente de três auto-estradas principais, é um conhecido centro da indústria do tráfico sexual
- Em 2020, há muito poucos abrigos em Nashville com o propósito de ajudar sobreviventes do tráfico humano
- Neste cruzamento entre a necessidade humana e a falta de apoios, os ministérios Rest Stop fazem uma diferença positiva na vida de muitos
- Os ministérios Rest Stop são pioneiros em todo o estado nos esforços de dar prioridade à recuperação e ao aconselhamento para vítimas de tráfico
- Os ministérios Rest Stop são parte de uma cooperação galardoada nesta área de apoio social, contribuindo para o primeiro lugar, em 2017 e 2018, na classificação atribuída pelo grupo Shared Hope International, que avalia o movimento anti-tráfico em 41 dos 50 estados americanos.

Neste cenário de miséria humana e tanto sofrimento, Deus levantou os ministérios Rest Stop para servir e ajudar.

A Rest Stop descreve a sua missão desta forma:

"A missão dos ministérios Rest Stop é restaurar os sobreviventes de forma abrangente e parar a opressão que é o tráfico humano."

Evocativo do que Deus está a fazer nas Filipinas, na Roménia e em muitos outros lugares e ambientes, a Rest Stop tem um coração pelos sobreviventes e um interesse activo em impedir as iniciativas diabólicas dos traficantes - agora e no futuro.

A descrição da Rest Stop continua:

"A visão dos Ministérios Rest Stop é crescer e desenvolver o nosso programa de restauração residencial para um modelo de excelência e lançar uma iniciativa social que apoie a independência financeira dos nossos graduados e também a sustentabilidade dos nossos programas."

Nisto, ouvimos ecos da missão de Madison Barefield na República da África do Sul. O papel de Madison naquele cenário é desenvolver iniciativas sociais que criem oportunidades financeiras - levando à independência financeira pessoal - para os sobreviventes do tráfico. Tanto a Rest Stop, como o S-CAPE (mencionado no capítulo 2), entendem que uma das melhores defesas contra a reincidência (pessoas que voltam a hábitos e práticas anteriores) é o desenvolvimento da liberdade pessoal e da independência financeira, através de uma iniciativa social sustentável. Ambas estão a trabalhar em modelos de negócio que fomentem e mantenham a capacitação das ex-vítimas de opressão e de exploração.

Cuidar da pessoa como um todo e desenvolver um modelo holístico de ministério, significa estar atento a sistemas e métodos que permitam aos sobreviventes apoiar e cuidar dos seus filhos e planear um futuro que inclua habitação segura, escolhas saudáveis e segurança financeira.

Lançada em 2015, a Rest Stop já está a experimentar um progresso significativo no cumprimento da sua missão e no desenvolvimento da sua visão. Em rede activa com outras organizações religiosas sem fins lucrativos investidas nesta questão, a Rest Stop está a tornar-se conhecida como um recurso valioso e muito necessário. Até ao momento (2020), os seguintes serviços são oferecidos na Rest Stop pela sua equipa de conselheiros e voluntários atenciosos:[9]

- Assistência e supervisão residencial 24 horas
- Tratamento residencial de longo prazo para sobreviventes de tráfico sexual
- Programas de restauração que oferecem aos residentes aconselhamento in loco, um cuidado especial na gestão do processo e actividades diárias intencionais, destinadas a proporcionar aos residentes oportunidades de descansar, aprender e curar
- Aconselhamento e reuniões de grupo, com o objectivo de promover comunidade e criar um senso de conexão e apoio com os outros
- Informações e referências para atendimento médico, formação profissional, educação correctiva ou continuada, dependência química, como reabilitação do abuso de drogas ou álcool, uma variedade de serviços referentes à saúde mental e encaminhamento para outros serviços, conforme necessário
- Transporte para consultas relacionadas com o programa, assistência médica e de saúde mental, actividades sociais e espirituais que podem ocorrer fora do local

A Rest Stop oferece uma variedade de serviços úteis aos seus residentes, incluindo aulas e formação em muitos aspectos relevantes numa vida bem-sucedida. Entre os tópicos que foram, ou são oferecidos actualmente no centro, estão:

- Construir auto-estima e auto-respeito
- Resolução de conflitos e pacificação

- Como criar um Curriculum Vitae para futuras candidaturas
- Culinária
- Aprender a comunicar eficazmente
- Planeamento financeiro
- Prevenção de recaídas e reincidências
- Parentalidade saudável e eficaz
- Espiritualidade e o cuidado da alma
- Competências para uma vida saudável
- Criar e aplicar limites pessoais sábios
- Competências para lidar com o stress e a adversidade
- Reuniões de 12 passos com os outros residentes

Outros tópicos podem ser incluídos à medida que os recursos se tornam disponíveis ou à medida que surgem necessidades na unidade de atendimento residencial. As aulas e a formação são criadas com o objectivo de melhorar a vida actual e as perspectivas futuras dos residentes. Ajudar as mulheres (e os seus dependentes) a passar da vitimização para a auto-realização e sucesso, é um processo profundo e gratificante, que mantém a equipa da Rest Stop incentivada e optimista em relação ao seu trabalho.

Há muita esperança no horizonte.

O estado do Tennessee criou a State Human Trafficking Task Force, que consiste numa rede inter-relacionada de vários parceiros e agências estatais, organizações sem fins lucrativos, legisladores, autoridades policiais, sobreviventes, especialistas na matéria, investigadores e líderes da comunidade local. A parceria cresce em força diariamente; a Rest Stop é uma das parceiras e está a contribuir para o sucesso crescente da task-force, enquanto combate o tráfico humano e a exploração sexual.

Desde 2011 foram aprovados no Tennessee 36 decretos de lei que lidam com vários aspectos do tráfico humano. Os esforços das organizações sem fins lucrativos e dos líderes das comunidades, juntamente com as autoridades legais, têm sido extremamente frutíferos na legislatura do estado, resultando numa abordagem séria e estrutural ao tráfico humano.

Em 2013, o departamento de serviços sociais do Tennessee apresentou um plano exaustivo para a prestação de serviços às vítimas do tráfico. Formada em 2015, a Rest Stop enquadra-se perfeitamente nos parâmetros desta abordagem estratégica, disponibilizando serviços e oportunidades, que vão surgindo em todo o estado, mas ainda com pouca oferta. Como pioneira neste campo, a Rest Stop está a atrair a atenção da coligação (task-force) e de outras entidades e está a ser reconhecida pela sua busca pela excelência no cuidado aos sobreviventes e suas famílias.

Todos os dias, e de várias formas, os ministérios Rest Stop estão a fazer a diferença.

VALORES GLOBAIS DOS MNC EM PERSPECTIVA

Como nos capítulos anteriores, quando consideramos o trabalho que Deus está a fazer através da Igreja do Nazareno no Tennessee e noutros lugares, reconhecemos a transformação importante que ocorre nas vidas dos sobreviventes através dos ministérios de cuidado e compaixão para com aqueles que foram vítimas de tráfico humano.

1. Envolvimento e Liderança da Igreja do Nazareno Local.

Tal como no caso da Europa de Leste (ver capítulo 3), o

ministério deste capítulo foi uma consequência directa de uma Igreja do Nazareno existente na mesma área geográfica. Os ministérios Rest Stop nasceram do ministério de compaixão que está a ser realizado pela Hermitage Church of the Nazarene em Nashville, Tennessee. Como no ministério romeno, foi um membro da equipa pastoral que se tornou fundador e impulsionador do novo programa destinado a servir os sobreviventes do tráfico. A Dr. Rondy Smith servia na equipa de Hermitage Church of the Nazarene quando o sonho dos Ministérios Rest Stop começou a tomar forma. Desde o início, o novo ministério teve o apoio da congregação, reflectido na oração, doações e voluntários. O actual staff dos ministérios Rest Stop é composto por nazarenos, incluindo alunos e ex-alunos da Trevecca Nazarene University, ali perto, liderada pelo pastor, autor e conhecido teólogo Dr. Dan Boone.

2. Uma Abordagem holística.

Desde o início, a abordagem da Rest Stop tem sido tratar a pessoa enquanto um todo - corpo, mente e alma - nos seus protocolos de assistência. É oferecida uma ampla gama de serviços, incluindo a possibilidade de referenciação para quaisquer serviços que actualmente não existam. Assim como em vários ministérios descritos nos capítulos anteriores, as questões de cognição e aprendizagem são tratadas por meio da formação, alfabetização, continuação de um ensino médio ou superior e cursos em áreas práticas, como trabalhos auto--sustentáveis, competências parentais e competências básicas para a vida. Finalmente, o cuidado da alma é tratado pelo ministério de cuidado em que todos os voluntários, staff e auxiliares da Rest Stop estão envolvidos. Desta forma, cada sobrevivente recebe atenção em todos os aspectos que fazem dela uma "pessoa completa".

3. Focado na Criança.

Alguns sobreviventes resgatados pela Rest Stop são pais de crianças pequenas. Outras são jovens e adolescentes que já deram à luz. Outras são adultas com filhos dependentes, cujas idades variam desde a infância até à adolescência. O resultado é que a Rest Stop está constantemente envolvido no ministério para crianças, focado nas crianças e nos seus problemas: a saúde, o bem-estar, a segurança e a educação estão entre as prioridades na abordagem da Rest Stop aos cuidados da criança.

4. Baseado na Comunidade.

A equipa da Rest Stop e a equipa de voluntários são provenientes da comunidade local imediata ou de cidades próximas. À medida que o ministério se expande, a merecida reputação de alta qualidade da Rest Stop foi fortalecida e intensificada com a adesão aos serviços oferecidos e atenção da comunidade. As comunidades locais de fé também estão a perceber e estão a começar a oferecer oração, apoio e referências.

5. Transformacional.

Cada capítulo deste livro descreve um ministério de alto impacto e, por natureza, altamente transformador. As sobreviventes que foram ajudadas pela equipa da Rest Stop são renovadas pela graça de Deus. O caminho de volta nem sempre é fácil, mas com o cuidado amoroso dos voluntários envolvidos neste ministério e a graça de Deus, o destino destas vidas é totalmente diferente. Cada uma está destinada a uma vida de satisfação, alegria e possibilidades que antes pareceriam improváveis, ou mesmo impossíveis. Vidas que antes estavam presas nas trevas, foram libertas pelo poder do Espírito Santo de Deus e pelos excelentes e optimistas esforços da Dr. Rondy Smith e da sua equipa de prestadores de cuidados e auxiliares. Todos os dias, vidas estão a ser transformadas para a eternidade.

EPÍLOGO
DEUS CONTINUA A ESCREVER AS HISTÓRIAS

João encerra o seu evangelho com a constatação de que muitas outras histórias aconteceram; cada uma delas poderia ter sido relatada. No evangelho de João, capítulo 20, versículo 30, o escritor faz esta observação da seguinte forma:

"Os discípulos de Jesus viram-no realizar muitos outros sinais além dos registados neste livro."

Sentimos a mesma coisa ao encerrarmos este relatório sobre como a nossa Igreja do Nazareno global está legitimamente envolvida na luta contra o tráfico humano e a exploração sexual.

As histórias incluídas neste livro foram contadas de maneira breve e sucinta. Cada história teria muito mais para contar. E há tantas outras histórias que não estão incluídas aqui, mas que têm o seu mérito e merecem toda a nossa atenção.

Há vários trabalhos liderados pelos nazarenos em África, América do Norte, Europa, Ásia e em muitos lugares onde o povo de Deus se reúne para orar. Seria uma bênção poder incluir esses ministérios e essas histórias num futuro livro.

Por enquanto, somos gratos por poder transmitir o que Deus está a fazer nas Filipinas, na África do Sul, na Roménia, no Sul da Califórnia e no Tennessee. Tenha a seguinte certeza: Deus está a trabalhar poderosamente em muitos outros lugares, para libertar os Seus filhos da opressão.

PÔR EM PRÁTICA
COMO PARTICIPAR NA LUTA
CONTRA O TRÁFICO HUMANO

Como autores deste livro, tínhamos conhecimento do tráfico humano muito antes de nos sentirmos chamados por Deus a envolvermo-nos activamente na batalha contra este mal em particular. Estávamos cientes, mas não activos. Fomos informados, mas não estávamos envolvidos.

Por mais de uma década pastoreámos uma Igreja do Nazareno no centro da cidade. Durante esse tempo, Deus deu-nos a oportunidade de testemunhar a muitas pessoas envolvidas no tráfico (a maioria quase voluntariamente) e Ele operou milagres de renovação e restauração.

Ao vivermos e trabalharmos num ambiente de ministério urbano, envolvemo-nos com um ministério chamado "Celebrate Recovery" que, embora inicialmente visasse ajudar as pessoas na recuperação de vícios químicos, como álcool e drogas, tornou-se uma missão ampla com elementos que incluem a recuperação de vícios sexuais.

Ironicamente, mesmo após 12 anos num ambiente sombrio e de alta criminalidade, continuávamos a não sentir a chamada de Deus para nos envolvermos pessoalmente nos esforços de combate ao tráfico. Estávamos satisfeitos por cumprir a nossa chamada como ministros, respondendo aos sobreviventes do tráfico com uma mentalidade e método de "um resgate de cada vez".

Olhando para trás, não sentimos culpa pelo nosso envolvimento mínimo com os esforços anti-tráfico. O desejo mais profundo dos nossos corações era (e é) servir a Deus; tentávamos viver perto d'Ele, para que o Seu simples sussurro guiasse os nossos passos e caminho. Se Deus quisesse que nos envolvêssemos nos esforços anti-tráfico mais cedo - acreditamos que nos teria chamado.

A 28 de Abril de 2007, Deus chamou-nos. Aquele encontro com a enfermeira (casada com um pastor nazareno) foi usado por Deus para nos recrutar para o serviço activo. Hoje, mais de 12 anos depois, vimos Deus resgatar mais de 400 sobreviventes e vimos a graça de Deus transformar vidas pela salvação, restauração e esperança.

O que nos traz a si, o leitor. Está a sentir a chamada de Deus para se envolver mais activamente neste ministério em particular? Se sim, as ideias e os recursos abaixo vão ajudá-lo a explorar as possibilidades de compaixão, compromisso e mudança, em espírito de oração.

Aqui estão vários pontos de partida que valem a pena para aprofundar a sua educação, conexão, oração e potencial serviço na batalha global contra os males do tráfico humano.

1. **Ministérios Nazarenos de Compaixão** Como expressão da Igreja do Nazareno Global e do alcance missionário e evangelístico da igreja, os Ministérios Nazarenos de Compaixão fazem parceria com congregações nazarenas locais em todo o mundo para vestir, abrigar, alimentar, curar, educar e viver em solidariedade com aqueles que sofrem sob opressão, injustiça, violência, pobreza, fome e doença. Os MNC existem na Igreja

do Nazareno para que através deles, possamos proclamar o Evangelho a todas as pessoas em palavras e em acções.

Entre as questões centrais dos MNC estão os cuidados com a saúde, o desenvolvimento infantil holístico e os esforços contra o tráfico humano em todo o mundo. Os Ministérios Nazarenos de Compaixão fazem parceria com congregações locais para os esforços de combate ao tráfico, que incluem educação, consciencialização e prevenção. Estes esforços têm o objectivo de reduzir o risco de pessoas envolvidas no tráfico, além de ajudar e auxiliar na recuperação de sobreviventes, através de uma abordagem holística na assistência.

Como parceira e membro do Wesleyan Holiness Consortium, a Igreja do Nazareno global ajudou a elaborar uma "Declaração de Liberdade" que foi então endossada pelos membros do WHC, incluindo os MNC. O ministério anti-tráfico dos Ministérios Nazarenos de Compaixão está alinhado com este documento-chave.

2. FAAST

A Faith Alliance Against Slavery and Trafficking (FAAST) é uma rede crescente de igrejas, denominações, ministérios e outros crentes preocupados - formada com o objectivo de trabalhar em conjunto contra este problema global. A FAAST, descreve a sua missão como "mobilizar e equipar" comunidades para combater a escravatura e o tráfico humano e restaurar os sobreviventes.

Ao nível nacional (EUA), os líderes da FAAST conduzem pesquisas, formações, networking e a criação de projectos especiais que ajudam os cristãos a conectarem-se com outras pessoas envolvidas na luta. Colectivamente, a participação das congregações, denominações e organizações membros multiplica o impacto dos esforços, criando uma resposta mais abrangente para uma questão reconhecidamente de larga escala.

A FAAST vê-se como uma multiplicadora de forças e como uma coordenadora estratégica dos esforços individuais com o objectivo de fazer a diferença. Ao unirem-se e trabalharem juntos, a força da organização individual está alinhada com a força de outras pessoas que partilham o mesmo objectivo comum e uma determinação idêntica. Nos poucos anos desde que começou a trabalhar nesta questão, a FAAST está a criar um ímpeto para a mudança.

Nota do Editor: Os Ministérios Nazarenos de Compaixão são membros activos e participantes da FAAST.

3. Freedom Collaborative

A Freedom Collaborative é uma aliança de organizações dedicadas à luta contínua contra o tráfico humano a nível global. Grupos afiliados incluem USAID, Nações Unidas (PNUD), Winrock International e outros.

A Freedom Collaborative é principalmente uma entidade online, produzindo conteúdo que auxilia as organizações na coordenação dos seus esforços, ganhando força em direcção a acções eficazes.

Os seminários online são sobre uma variedade de tópicos relacionados; o site Freedom Collaborative oferece acesso a gravações de seminários anteriores.

O grupo tem uma forte presença no Sudeste da Ásia e está envolvido em juntar grupos governamentais e não-governamentais (ONG) com o objectivo comum de acabar com o tráfico de pessoas e alcançar a liberdade humana.

A Freedom Collaborative descreve-se como "um centro de informações e recursos críticos" relacionados aos esforços de combate ao tráfico, destinados a facilitar redes e conexões entre as agências que trabalham para resolver este problema. Tal como a FAAST, a Freedom Collaborative vê-se como uma multiplicadora de força eficaz para os grupos envolvidos.

Nota do Editor: Os autores deste livro (Dr. David e Lisa Frisbie) são membros da Freedom Collaborative através da sua própria organização, uma organização educacional sem fins lucrativos reconhecida legalmente (501 (c) 3), chamada "Hábitos Saudáveis para Pais e Famílias", sediada na Califórnia. Um dos principais ministérios desta organização é a luta contra o tráfico humano, nos países da Europa de Leste e no mundo.

Ore pelo desenvolvimento contínuo destes ministérios em todo o mundo, por aqueles que os lideram e por aqueles que se voluntariam para ajudar. Pergunte a Deus o que Ele quer que faça, exactamente onde está, para fazer a diferença na vida de outras pessoas, próximas e distantes.

CONTACTOS DAS MISSÕES E MINISTÉRIOS MENCIONADOS

Ministérios Nazarenos de Compaixão:
  www.ncm.org

Outros ministérios apoiados encontram-se no site dos MNC:
  www.ncm.org/antitrafficking#resources-antitrafficking
  www.abolishhumantrafficking.com
  www.stopthetraffik.org/library
  www.globalslaveryindex.org
  www.productsofslavery.org
  www.netsmartz.org
  www.betterworldshopper.com
  www.engagetogether.com/church
  www.ncm.org/antitrafficking

FAAST:
  www.faastinternational.org

Freedom Collaborative:
  www.freedomcollaborative.org
  www.libertyshared.org

Hábitos Saudáveis para Pais e Famílias:
  Dr. David e Lisa Frisbie
  Box 8269
  Rancho Santa Fe, CA 92067

LINHA DE APOIO AO TRÁFICO HUMANO (EUA)
Ligue: 1-888-373-7888
SMS: "BeFree" para 233733
Chat: www.humantraffickinghotline.org

ENDNOTES

1   A criptomoeda é uma moeda digital, que utiliza técnicas de criptografia para
    regular a geração de unidades de moeda e verificar a transferência de fundos,
    operando independentemente de um banco central.

2   Do boletim informativo de Agosto de 2019: todas as estatísticas são
    provenientes do IJM, entre 2011 e 26 de Agosto de 2019. www.eternitynews.
    com.au/wp-content/uploads/2019/10/IJMPH_FactSheet2019_Aug2019.pdf

3   O edifício que serve como Shechem Children's Home foi possível graças
    às ofertas de alabastro. Obrigado pela sua fidelidade ao dar a sua oferta de
    alabastro.

4   Estas estatísticas estão compiladas no Índice Global de Escravatura de
    2016. Consulte o artigo da BusinessTech:
    www.businesstech.co.za/news/general/126761/south-africas-slavery-shame-
    250000-people-who-are-slaves-in-our-society

5   Nicolae Ceaușescu (26.01.1918 - 25.12.1989) era um político e líder
    comunista romeno. Tornou-se chefe de estado da Roménia em 1967, actuando
    como presidente de 1974, até ser derrubado e executado na Revolução Romena
    em Dezembro de 1989.

6   Jamie Gates é filho de Charles e Judy Gates, que serviram como missionários
    nazarenos durante nove anos na África do Sul.

7   Consulte este link para algumas estatísticas globais de tráfico humano da
    Polaris, "um líder na luta global pela erradicação da escravatura moderna":
    www.polarisproject.org/human-trafficking/facts

8   Informações da Linha Nacional de Apoio ao Tráfico Humano (EUA) com
    dados demográficos do Tennessee:
    www.humantraffickinghotline.org/state/tennessee

9   Mais informações podem ser encontradas no site da Rest Stop:
    www.reststopministries.org/client-services-1

www.ingramcontent.com/pod-product-compliance
Lightning Source LLC
Chambersburg PA
CBHW021135020426
42331CB00005B/789